STATISTICS, LITERACY
FOR THE NEXT GENERATION

統計學，最強的商業武器

著——西内 啓

譯——陳亦苓

目次

PART 01

統計學，憑什麼是最強的武器？

01 不懂統計學的人容易被騙

威爾斯的預言

威爾斯於一九〇三年預言，統計思維和讀寫能力一樣，終將成為良好公民所需具備的必要條件。

這段文字就寫在哈佛大學醫學院所使用的統計學教科書的開頭。作家H．G．威爾斯（Herbert George Wells）人稱「科幻小說之父」，也是一位思想家。時光機器及透明人等概念都是因其著作而聞名，據說，他的科學知識之廣博、眼光之高遠，早就預言了核子武器和國際聯盟的出現，甚至還預言了類似現在流行的維基百科般的百科全書會問世。

在現代統計學仍處於黎明期的一九〇三年當時，我們無從確認威爾斯為何會如此預言。但經過了一百年之後，正如同讀寫能力的重要，我們也確實需要統計學的思維。讀寫能力視為教養或素養（literacy），因此，缺乏統計學方面的識讀能力，亦即缺乏「統計學素養」，尤其對於現今社會發展與時代潮流所趨，是極為不智的。

不具備讀寫能力就無法了解合約及法律等內容，而不具備統計學素養則無法了解機率及數據資料的運用。無論是以上何者，都可能陷入弱勢族群的處境。

鬼腳圖的必勝策略

舉個生活週遭常見的例子好了，過去我在讀研究所的時候，經常為了決定誰該去便利商店替大家買東西，和同一研究室的同學玩鬼腳圖。

雖說鬼腳圖有好多種形式，不過，我們採取的方法是依據參加人數四位

圖表1 鬼腳圖示例

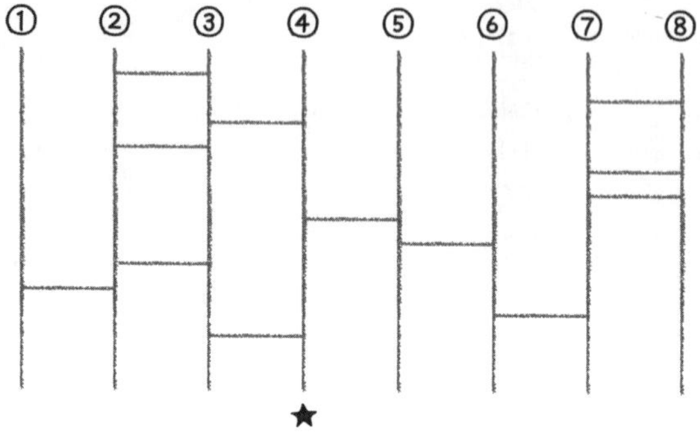

（包含我在內）來繪製兩倍數量，也就是八條的垂直線，然後由我在其他人看不見的情況下，於左邊數來第四條垂直線的下方標記星號，再由另外三位友人在我看不見的情況下，每人分別畫四條橫線。接下來，所有參加者以猜拳的方式決定順序，從最贏的人開始，每人依序在①～⑧號的垂直線中各選一條線，待每個人都選完一輪後，再以顛倒的順序選一輪。而所選直線若連到了★標記（也就是抽中）的人，就要替大家跑腿，到便利商店買東西（如圖表1）。

若是只靠直覺來玩鬼腳圖，那麼，你輸的機率很高。

圖表 2 鬼腳圖的抽中次數分佈圖

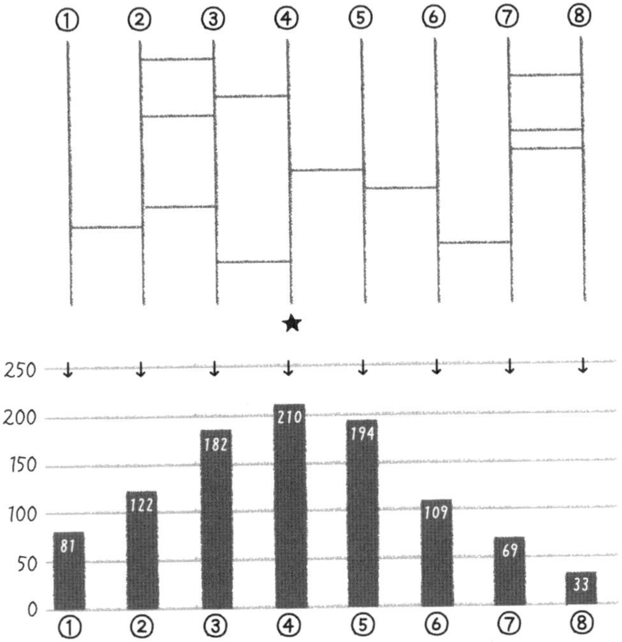

每 1000 次的抽中次數

嘗試依此規則，反覆玩一千次來模擬每條垂直線的抽中次數，便會獲得如圖表2的結果。最容易抽中的就是在星號正上方的④號垂直線，於一千次裡抽中了二一〇次，也就是有二一％的抽中率。接著是緊鄰於其右的垂直線，有一九．四％的抽中率。而抽中機率最低的是最右邊的垂直線，只有三．三％。

實際依此規則玩鬼腳圖時，不知是那些朋友們的習慣還是人類的心理傾向使然，大家幾乎都不會先選兩端的垂直線。

也就是說，乍看之下的抽中率似乎各為四分之一（二五％），讓人以為很公平，但總是從兩端開始選的我，去便利商店跑腿的機率卻只有十一．四％（(81+33)÷1000）左右。而依直覺經常選擇中間附近垂直線的朋友，若是選④、⑤，其抽中率就高達四〇．四％（(210+194)÷1000）。他一定是因為這樣的鬼腳圖抽中率，才經常帶著「不知為何運氣總是很差」的心情去替大家跑腿。

據說，有些地方政府在公共工程的競標上，也會採取「若條件相同，最後就用鬼腳圖來決定」的作法，在這種情況下，只要應用上述知識，就能提高公司的收益。

掌握了統計學就等於掌握了全世界

當然，由於畫橫線的過程無法如模擬狀態那麼隨機，因此，儘管抽中率較低，我也不是一次都沒抽中過。只要懂統計學，就能在具有不確定性的情況下稍微作點弊，但這可不限於上例那樣的小小詐術而已。

例如，我曾為一家零售商做數據分析工作，該公司以往並未注意其廣告郵件的發送對象，但透過最佳化「什麼樣的顧客該寄廣告郵件，什麼樣的顧客不該寄」這項選擇判斷，便成功找出了將收益提高六％左右的方法。而由於是一千億日圓的六％，所以，預估會增加高達六十億日圓的收益。

廣告郵件的寄送量本身並未增加，因此，成本不會提高，只是藉由分辨「可透過寄送廣告郵件，而提高其購買金額的顧客」與「非該市場的顧客」這種方式，即可達成類似玩鬼腳圖時耍詐的效果，多「詐」出六％左右的收益。

若你或公司沒有耍這種「詐」，其他競爭對手便可透過這種手法來搶走你的顧客及既得利益。

統計學早已成為活在廿一世紀的必備技能，甚至對許多人來說，統計學也具備成為最強武器的潛力。在商業領域中，應用統計學來尋找解決方案的方法有個很好聽的名詞叫做「商業智慧」（Business Intelligence），而其中的智慧（Intelligence）一詞所代表的意義，就等同於間諜、特務類電影中會出現的CIA（Central Intelligence Agency，中央情報局）中的字母「I」。從經典中的經典《孫子兵法》的時代開始，戰爭情資的重要性就不斷被強調著。

而「掌握了資訊，就等於掌握了全世界」這句話，若改成現代的說法，就會是「掌握了統計學，就等於掌握了全世界」。

02 唯有統計學能最快導出最佳解

統計學成為最強武器的理由

統計學為什麼能成為最強而有力的武器呢？

用一句話來解釋，就是**「任何一個領域的爭議，都能透過數據的收集與分析來找出最佳答案」**。

假設你的工作是零售業，若想在老闆最關心且全體員工都有參與的大型專案中，達成提高收益的目標，該從何著手才好？

這時，各部門大老們想必會爭相提出「我覺得……」或「依我多年來的經驗……」等自以為是的主觀意見。

我可以肯定地說，若貴公司握有充足資料，那麼，不做數據分析卻只靠直覺和過去經驗來做出決策，根本就是浪費與會者的時間和人事成本。在日本，許多公司對於翹班行為的忍受度很低，特別是對時薪只有八〇〇日圓的年輕打工族更是痛斥不已；然而，對於浪費相當於該時薪好幾倍的人事費用，讓這些員工進行毫無生產力的會議，卻毫不在意。

在商場上若是單憑感覺行事而犯了錯，會受到影響的不過是經營者、員工和客戶等人罷了，但在這個世界上，有些事卻是絕不允許錯誤發生的。例如，人命關天的事便是如此。

若是判斷錯誤就會造成十萬人喪命，你會依據什麼來做決定呢？這時候，你會只靠上司的直覺或經驗來進行決策嗎？

又或者，如果行政院長及內政部長等有權力的人，在進行會影響到你和家人等十萬人性命安全的抉擇時，若只依據當權者的意見，在毫無根據的情況下做出決定，你將做何感想？

一旦判斷錯誤就會葬送十萬條性命的決策，感覺好像是科幻電影裡才有的情節。但事實上，在醫療領域當中，包括我的專業領域「公共衛生」、「社會醫學」及「衛生管理」等，即使在這一瞬間，便透過審慎且嚴肅的討論進行著這類決策。

例如，日本每年約有三十五萬人死於癌症，約有十九萬人死於心臟病，約有三萬人自殺。若能採取適當的預防及治療措施，這其中應有數萬人可以因此而獲救。

為了在這一類攸關生命安全而不允許犯錯的抉擇中找出最佳答案，從十九世紀的倫敦開始，首度利用統計學的力量，找出了數萬人的死亡原因。

「流行病學」的目的是要阻止原因不明的傳染病蔓延，而全世界最早的流行病學研究始於十九世紀的倫敦，當時研究的是名為「霍亂」的傳染病。在流行病學中，統計學也扮演了極重要的角色。

當時霍亂在英國爆發了四次的大流行，據統計有高達十幾萬人死亡。即使科學技術不如現代進步，當時的倫敦也已存在許多受過高等教育的科學家、醫生，以及優秀的政府官員。其中不乏聰明且邏輯清晰的精英份子，但可惜仍沒人能阻止霍亂流行。甚至在某些時候，還使得疫情更加雪上加霜。

例如，有某位醫生建議，只要使用他所調製的特殊除臭劑，即可降低感染霍亂的機率。

當時的倫敦正處於工業革命時期，無法靠農業維生的人口開始湧向都市的工廠賺錢。當都市的發展跟不上快速增加的人口，某些狹窄髒亂的地區便開始聚集中低下階層的民眾，貧窮者被迫聚集在一起，而由於缺乏污水排水系統，所以垃圾、排泄物等便隨意堆放在庭院、地下室及路邊。那飄散出來的臭氣肯定很可怕，難怪會有人以為，既然住在這些「惡臭區」而渾身發臭的低階勞工很多都死於霍亂，那麼，若能去除臭味，或許就能消弭霍亂。

甚至有更為堅決果斷的官員試圖清除都市裡的穢物。所採取的方法是徹底清掃都市街道、建立污水排水系統讓污物能流入河川的政策。這位官員主要活躍於霍亂第一次和第二次的大流行之間，然而，即便在他的努力之下，霍亂第二次大流行時的死亡人數（約七萬人）仍大幅超越了第一次的大流行（死亡人數約兩萬人）。

總而言之，雖然具備充足的智慧與見識，這些人絞盡腦汁所擠出的想法、投入時間與人力所做的一切努力，不僅沒有任何幫助，甚至還導致更大的災難。

「流行病學之父」約翰・斯諾的行動

那麼，到底該怎麼做才對？人稱「流行病學之父」的外科醫生約翰・斯諾（John Snow）所採取的行動可說是相當單純。

- 到霍亂死者的家中拜訪，口頭詢問狀況並觀察附近環境。
- 比較在類似條件下，感染霍亂者和未感染霍亂者的差異。
- 做出假設後，進行大規模的資料收集，以驗證各種影響霍亂發病與否之「差異點」的可信度。

他將調查結果寫成詳細報告並集結成冊，而預防霍亂最顯而易見的方法，就呈現在圖表3之中。

當時的倫敦有多家自來水公司，即使是在同一區域的相鄰住家，也可能使用不同公司的自來水服務。斯諾在此圖表中所呈現的分析內容為——在同樣貧窮髒亂的地區，依據所利用之自來水公司別統計出的戶數與霍亂死亡人數。

圖表3 斯諾的研究報告

	戶數	霍亂死亡人數	每1萬戶的死亡人數
使用A自來水公司的服務	40046	1263	315
使用B自來水公司的服務	26107	98	37

資料來源：約翰・斯諾《霍亂傳遞方式研究》（On the Mode of Communication of Cholera）

於調查期間內，在使用A自來水公司的住戶中有一二六三人死亡，而使用B自來水公司的住戶卻只有九十八人死亡。當然，只比較死亡人數並不公平，必須再用「戶數」做調整才行。畢竟，戶數多的一方，包含感染霍亂人數的機率也會比較高。

於是，斯諾又再以每一萬戶為條件來比較兩者的霍亂死亡人數。即便條件如此，A自來水公司那一方的死亡人數仍然較多，為B自來水公司的八・五倍。

當時的倫敦並沒有依據自來水公司來選擇住家的習慣，而在同一區域，一間住家的大小和其中居住的平均人數基本上都可視為相等。在幾乎一致的條件下，若光是以自來水的來源不同這點，就能造成高達八．五倍的風險差距，這其中必有原因。

因此，斯諾所提出的霍亂疫情解決方案也相當簡單，那就是——

「總之，就先暫停使用A自來水公司的自來水！」

在斯諾發表此理論的三十年後，德國的細菌學家羅伯特．柯霍（Robert Koch）才發現霍亂的病原體——霍亂弧菌，而霍亂弧菌需依水生存，且存活於霍亂病患的排泄物裡，喝了含有霍亂弧菌的水便會感染霍亂等事項，也都接連獲得了證實。

事實上，A自來水公司與B自來水公司的不同點在於，前者是從流經倫敦中心的泰晤士河下游取水，後者則是從同一河川的上游取水。而當時的泰晤士河在前述的那位官員的「努力」之下，正湧入大量霍亂病患的排泄物。換言之，他在無意之中創造了能有效擴大霍亂疫情的社會系統。

而柯霍的發現雖具有科學上的價值，但無論病原體為何，以及霍亂是以何種管道傳染，單以阻止霍亂流行這個目標來說，意義卻不大。

可惜的是，斯諾的主張在當時由於「不科學」、「缺乏可靠證據」等理由而沒能獲得學界與政界的認同，但當時因採納他的建議而停用受污染用水的地區，其霍亂疫情確實立即受到控制。

由霍亂的故事可以得知，如果只是讓一堆聰明又有行動力的人聚在一起討論，不但無法找出簡單而有效的解決方案，甚至還可能摒除掉有用的意見。

流行病學延長了人類壽命

斯諾所提出的「流行病學」觀念，漸漸成為整個醫學領域中不可或缺的重要原則。吸菸會提高罹癌風險，其中又以肝癌為最，以及高血壓會提高罹患心臟疾病及中風的風險等，這些對於現在的我們來說都是基本常識。然而，才不過五十年前，在美國一個名為佛明罕的小鎮所進行的大規模流行病學研究結果公佈之前，人們並不知道會有這樣的因果關聯。在此之前，醫生和科學家們對於吸菸是否有害健康、血壓太高是不是壞事等議題都還在討論階段，一切尚無定論。

然而，事實證明「若想減少癌症，就得降低吸菸率！」以及「若想減少心臟病，就必須降低血壓！」這些流行病學研究的簡單結論，確實改變了醫學研究與醫療政策的方針，讓我們的壽命比五十年前延長了許多。

若現在仍只靠聚眾討論的方式來判斷是非對錯，真不知還要犧牲多少人的性命。而之所以能夠有如此長足的進步，一切都要歸功於統計學的力量。

03 所有學問都以統計學為基礎

「實證」改變了醫療觀念

所謂的「流行病學」，亦即以數據和統計分析來做出最佳判斷的想法，是在斯諾提出這樣的理論後的一百年，才成為醫學領域中必備的觀念。

現代醫學中有個最重要的概念——EBM（Evidence-Based Medicine），也就是所謂的「實證醫學」。而實證醫學最受重視的，就是以正確合理的方式取得統計數據，以及分析該數據後得到的結果。

斯諾的流行病學只透過基本的數據加總，便找出了感染霍亂的風險因素。之後，流行病學的方法論再逐漸融入現代統計學的進步知識，已能達成更精準的風險評估。

疾病發生的不確定因素很多，某些在臨床醫學上理應正確的治療方法，或是經驗豐富且具權威的名醫所用的治療方法，在取得數據並加以分析之後，完全錯誤的例子便開始漸漸浮現檯面。

因此，不只靠醫師的經驗與直覺，而要依據正確的數據及其分析結果，亦即根據實證來做出最適當的判斷，便成了現代醫學的主流。

然而，EBM的概念是在一九八〇到九〇年代期間開始遍地開花，對許多負責臨床治療工作的醫師來說，是他們「在學生時期幾乎沒學過的」。

對醫師進行統計學教育，似乎連在美國都充滿了挑戰。據說，在美國醫學協會所發行的學術雜誌上，還曾刊載過一項研究報告，該報告表示「對實習醫生進行基礎統計學測驗所獲得的結果相當令人遺憾」。看來，要將EBM徹底執行於實際醫療環境中，依舊非常困難。

就算實證醫學的徹底實行仍然問題重重，但毫無疑問的，醫學領域的統計實證還是極為重要。例如，藥廠在製作新藥時，一定會以縝密的研究方法針對所取得之數據進行合適的統計分析，而該分析結果必須提供給衛生福利部之類的主管機關審核後，才可能獲得核准，也才能納入保險範圍。甚至該藥品在上市販售後，藥廠仍會持續投入巨額的研究經費，找出證據來證明藥效，以便讓藥品業務向醫療院所推銷。

正如前述，證據能壓制各種議論，為我們提供最佳解答。當然，依據資料的取得方式和分析方法不同，結論的正確程度與適用範圍也會有所差異。若要反駁他人的論點，光憑感覺和經驗是行不通的，必須指出統計學上的數據及方法，或是找出可支撐的新證據才行。

實證原則亦可應用在教育上

只要大家逐漸了解這種實證原則的強大力量，其應用範圍就不會只限於醫學領域。

近年來，美國的教育學界正積極倡導實證的重要性，開始實施以證據為基礎的教學方法評估。

其中最典型的例子，就是成立於小布希總統當政時期，始自「有教無類」（No Child Left Behind）法案[1]的「有效教育策略資料中心」（WWC, What Works Clearinghouse）專案。

該法案中，明白提出了「針對弱勢學生的教育服務計畫，必須考量有科學根據的研究結果」，以及「在防止青少年暴力及藥物濫用方面，應將預算轉往具備科學實證的政策上」等，據說「有科學根據的研究」這樣的說法總計出現了一百次以上。

WWC專案為了以科學證據為基礎來制定及評估教育計畫，將至今為止曾進行過的教育相關實證研究逐一收集，並做有系統的整理。接著，將整理結果

1 美國國會於二〇〇二年通過的名為 No Child Left Behind Act（NCLB）的法案，主要是希望能夠幫助弱勢兒童得到公平的教育機會與環境。

公布於網路，並說明了「科學上較推薦的教育方法」，希望能藉此提升整個大環境的教育品質。雖然此一政策被指出若干問題，但像這樣大張旗鼓地將科學態度帶進教育制度當中，就已經是一項了不起的成就了。

奇怪的是，在教育這個範疇裡，就算是徹頭徹尾的外行人往往也很愛表達自己的意見。除非是過著極度遠離文明的生活，否則，大部分先進國家的民眾一定都受過某種程度的學校教育，小孩一旦出生，就必須接受教育。

於是，便經常有人只依據「我自己受過的教育」或「我教過自己的小孩」等個人經驗來判斷教育品質的良莠，並以此發表意見。甚至有人還因為孩子念大學時就考上律師執照，或子女全都考上東京大學等個人經驗，而在這方面受到敬重與信任。

然而，到底什麼樣的教育才算是好，會因受教育者的特性及能力、環境等各種因素的影響而不同，就如同醫療一樣，也是屬於不確定性很大的領域。沒有人會在生病的時候特地去向活得比較久的老人請教長壽秘訣，但是為了孩子成績而煩惱的父母，卻會去買小孩全都上了東大的母親寫的回憶錄，你不覺得這些現象很詭異嗎？比如說——

- 讓教師以學生的成績表現為基礎來競爭，並將結果反應在獎金的評定上
- 在進小學前對孩子實施資優教育，就能培育出天才兒童
- 在數學教育導入更多電腦系統，以提高學習效率

不論是教育學者、教育工作者，甚至一般人，經常都會提出諸如以上這類意見；但這些說法到底對不對，終究必須靠數據資料與統計學的力量，才能獲得證實。

關於「依據競爭結果來評定獎金」這個構想，曾在二〇〇六年到二〇〇九年間於美國納什維爾的公立學校，針對兩萬四千名學生與三百名教師進行實驗。其結論是「依據統計分析來看，這方式不僅無法獲得任何好處，還會帶來不良影響」。

而在第二項的資優教育，曾有人針對四千七百名三到四歲孩童實施讀寫及算數等課程後發現，確實在三到四歲時，他們的讀寫與算數成績會明顯比同年

齡的其他小孩要好，但若繼續追蹤至小學一年級，兩者的成績差距便會消失。

至於用電腦加強教育成果的構想，是這三種意見中唯一較有希望的。就統計分析來看，與接受傳統教學的學生相比，接受電腦化教育的學生其數學成績有明顯提升，於是，便有了所謂的「I CAN Learn」教育計畫出現。

當然，美國人的研究結果是否能直接適用於其他國家仍有待商確，但由此可知，在判斷這些教育方法是否有效時，靠的仍是統計學的力量。

統計學的影響力擴及棒球賽與經濟學

不僅限於教育，無論心理學也好、社會學也好，還有自然科學等，只要是需要驗證假說的，就免不了要運用統計學素養來取得適當數據並加以分析。

拍成電影《魔球》（Moneyball）的「棒球統計學」（Sabermetrics）觀點所要表達的正是——只要妥善運用統計學素養，即使是弱勢的球隊也能在美國職棒大聯盟的季後賽中爭奪冠軍資格。而除了棒球以外，其他體育運動也逐漸開始嘗試以數據分析的方式來提高勝算。

此外，經濟學長久以來也是以多項假設（例如：人們會理性行事，或交易的必要成本為零等）為基礎，用理論優先的觀念來設計數學模型，然而，一旦將過去數百年間各國的經濟相關數據（按性別、年齡區分的人口數，以及國民所得、儲蓄額、物價等）以電子化形式收集並整理後，面對「如何解釋經濟是否會成長？」之類的問題時，就能透過統計分析找出明確答案。

例如，「技術進步」對經濟成長來說非常重要，而在進行對技術進步有所助益的教育與研發工作時，利益是否能適當分配給相關人員的「社會制度」（例如：專利制度等）則至關重大，天然資源的有無反而沒有太大的關係。而這也是透過數據的收集整理與統計分析才得以發現的。

企業管理及行銷、創新等工商管理學領域當然也不例外。

「好的領導力與不好的領導力，差異何在？」

「如何能找出最具前景的市場區隔？」

「該如何激勵研發人員來增進技術發展？」

對於以上這些問題，一些大老闆與商管書作者都各有一番理論，不過，這也和教育的例子一樣，「目前的最佳答案」早已在統計學上獲得證實。

無論你同不同意，**所有學問都必須用到統計學的時代已經來臨**，只要具備統計學素養，就能輕鬆運用比自身經驗和直覺更可靠的資訊。

擁有統計學素養，讓我們能直接獲取由世界頂尖學者經過多年研究所揭露的事實。而這項能力肯定可以徹底改變你的人生。

04 大數據時代來臨，讓統計學備受矚目

統計學為什麼到現在才嶄露頭角

為何現在的統計學在各個領域都很受到重視？

「從數據之間的關聯性來推論因果關係」是現代統計學的基本概念，而這一概念約莫確立於廿世紀前半期，主要的統計分析方法則在一九六〇年左右就差不多完整了，而從現代統計學之父羅納德．費雪（Sir Ronald Aylmer Fisher）於一九六二年逝世到二〇一二年剛好滿五十年。一定有人會產生質疑——**要是統計學真的這麼厲害，應該更早就遍及社會的各個領域才對？**

可惜的是，問題的答案不在統計學本身，而是在運用統計學的環境。

為了讓你了解現實環境的限制，我要再詳細說明第2章對佛明罕小鎮居民所進行的大規模流行病學研究。

這項研究一般稱為「佛明罕研究」，是在二戰結束後不久的一九四八年，當時是為了找出好發心臟病的原因所發起的計畫。柯霍等人的研究找出了包含霍亂弧菌等導致各種疾病的特定細菌，也進一步促進了疫苗和抗生素等治療方法的發現。雖然因為細菌感染而死亡的人變少了，但在美國等先進國家，與細菌無關的死因如心臟病、癌症及中風等的比例卻大幅升高，這現象於是成為醫學上的另一個重大課題。

在這樣的背景下，再加上以「新政」聞名的美國總統小羅斯福的大力支持（說句題外話，羅斯福本身也死於心臟病），這項可稱為人類史上第一次的大規模流行病學研究專案才得以啟動。不論是心臟病也好，霍亂也罷，為了找出病因，就必須謹慎且廣泛地收集大量資料，並進行相應的統計分析才行。

佛明罕當時的居民約有二萬八千人，而二九～六九歲居民中有接近三分之二的人，也就是五一二七個人接受了研究團隊的邀請而加入該研究計畫。當時人們對心臟病的發生原因幾乎一無所知，因此，除了性別及年齡等基本資訊之外，曾得過哪些疾病、生活習慣如何，以及血壓、心電圖與血液成分等檢查數據、社會經濟指標（學歷等）等各種想得到的項目，全都被納入調查範圍。他們甚至考量到日後檢驗方法若有進步，或許會需要增加其他檢查項目，所以還將採集到的血液全都冷凍保存起來。

佛明罕研究至今仍在持續進行，往後也會依據其他研究的新發現，而增加調查項目，現在更針對第一代參與者的子孫進行基因檢測等多項研究。

為何每兩年才能調查一次

所謂佛明罕研究，是針對五千多名參與者進行訪談和身體檢查，而該研究一開始時是每兩年才調查一次。

若要進行如此大規模的深入研究，應該要每年調查一次比較合理，事實上，

圖表 4 電腦程式用的打孔卡

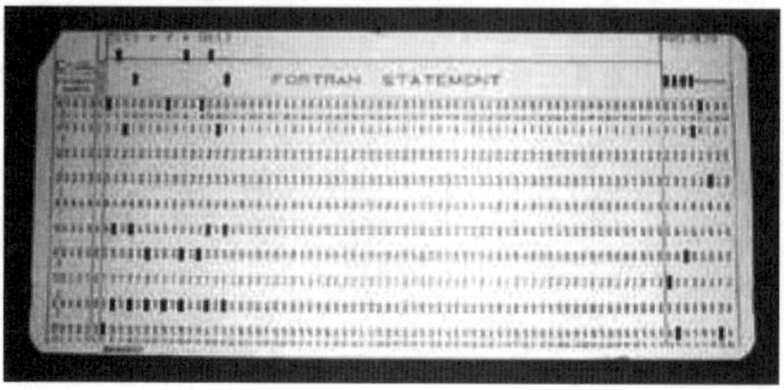

拍攝：Arnold Reinhold

研究人員也很想這麼做。但受限於當時的技術，兩年一次的調查頻率就已相當勉強了。

是什麼造成了這樣的限制？就是資料的輸入、管理及匯總等處理工作。

據說，佛明罕的研究團隊剛開始進行研究時，只有一台大型的打孔卡系統可用來處理資料。沒實際看過打孔卡的人很難了解它是什麼樣的機器，這是一種在厚紙板上打洞，然後依據洞的位置來記錄資料的一種系統。

將五千人份的生活習慣調查資料以及血液檢查數值，以手寫方式記錄下來，然後記錄於打孔卡，在確認無誤後，才可開始計算各個調查項目的平均值與百分比等數據。因此，再怎麼不眠不休地拚命，也只能做到每兩年調查一次。

另外，像「是否會罹患心臟病？」這種佛明罕研究的目標，必須要尋找二元變數與多種調查項目間之關聯性的分析，通常都會採用所謂的「邏輯回歸」分析方法（更明確的說法應該是「邏輯回歸」分析方法本身就是為了佛明罕研究而發展出來的）。但若要針對五千份資料進行分析，就等於必須使用包含五千個元素的向量，來進行包含對數轉換的複雜矩陣運算，才能找出答案。

因此，佛明罕研究其實是在一九六〇年代，當ＩＢＭ等公司研發出大型電腦主機後，才得以將超過十年的調查資料成功地分析出來。

讓你對統計學失去興趣的「紙上作業」課程

之後，資訊科技的進步速度有多驚人就不用我再多說了吧。

記錄在打孔卡上的資料可輕易地移轉到光碟或硬碟裡，輸入資料時，也能看著螢幕輕鬆地進行。所取得之資料不論是要累積保存，還是要交付給誰，透過網路即可立刻辦到，就連統計分析也都能利用個人的筆記型電腦甚或是智慧型手機來完成。

過去的統計學家，總是將重點放在如何能以精確度較高的推測來降低計算量，以及以最少量的資料達成精確度最高的推測，但這類研究現在幾乎已不再採用，因為資訊科技的進步，讓大量資料與複雜的計算都不再是問題。

此外，以往的統計學教育是以黑板與粉筆，或是只用紙筆來理解計算公式，主要都是以手工計算數十筆左右的資料，然後進行分析。現在則會教導學生撰寫簡單的統計分析程式，或是操作既有的統計分析工具軟體，如此便能分析較大規模的資料。

雖然實務上所用的統計學觀念與方法大多是數十年前就發展出來的，但直到二十世紀末，資訊科技開始了革命性的進步後，這些觀念與方法才真正讓所有人都能隨時且輕鬆地充分利用。

過去的紙筆統計學與現在利用資訊科技的統計學之間，有一道深深的鴻溝，當代的統計學家必須同時精通數理觀念和資訊科技的應用才行。

正在閱讀本書的你，如果回想起大學時期，對於統計學課程的印象就是「無聊」的話，那麼，**原因之一可能就是因為你受的是「紙筆統計學」教育，因而無法真正體會到最先進且能不斷找出最佳解答的統計力量**。

「大數據」一詞興起的原因

這些年的統計學變化，甚至更進一步地滲透了資訊科技。

如我們所知，資訊科技改變了許多商業流程，包括：商品的採購、庫存、販賣等記錄幾乎已全部電子化，比起成本與銷售全都用文件來管理的時代可說是輕鬆了許多。就連客戶資料、購買記錄、員工的出勤時間和考績、健康狀態、已支付的工資與已結清的費用等，也全都電子化並儲存在系統資料庫裡。甚至生產製造時的機械動作、公司網站的瀏覽記錄等也多半會留下記錄資料，可依需要匯總起來以做為企業營運時的參考。若要說各大企業的營運流程已近乎全面電子化，一點兒也不為過。

然而，當多數工作都完全電子化，資訊科技相關事業就會遇上瓶頸。不管軟硬體性能再怎麼進步，由於已經沒有什麼工作流程還需要電子化了，如果客戶對各種功能沒有什麼特別不滿意的地方，就沒有新產品可以推出。因此，不論是硬體製造商還是軟體廠商，又或是運用軟硬體來提供資訊服務的業者，面對已經再無任何需求的顧客，就需要有推銷新技術的「理由」。

表面上要採取「如何運用這些剩餘功能來創造新價值」的積極態度，但其實骨子裡還是很消極的。因此，無論是不是在創造新價值，總之，就是要創造一個「足以完成巨量運算處理的功能」。而為了成功推銷出去，更必須找個「乍看之下，有利於企業營運的主題」。

科技的進步讓技術已能應付大量資料並進行任何一種計算，想想除了統計分析外，大概沒什麼其他更大量的運算用途了吧。如果「數據統計分析」這樣的主題聽起來太過平凡無奇也不新潮，那就創造一個足以嚇人的「大數據」（Big

未來十年內最熱門的職業

Google更發表比微軟還令統計學家感到驕傲的言論。Google的首席經濟學家哈爾・韋瑞安（Hal Varian）博士於二〇〇九年一月，在麥肯錫公司所發行的期刊上如是說——

我不斷強調，未來十年內最具吸引力的職業，將會是統計學家。
I keep saying the sexy job in the next ten years will be statisticians.

這裡的「sexy」比較接近「很具吸引力」或「很有魅力」等意思，是美國人最近流行的說法。就像在說「iPhone的設計很sexy」一樣，他選擇以sexy一詞來形容統計學家。

身為一名統計學家，這樣的發言令我感到非常榮幸，這絕不是名不符實的客套話而已。到了今日社會，有了資訊科技這個強而有力的夥伴之後，橫跨各個學術領域的統計學便能在全球各地、每個瞬間，針對每個人想知道的、想問的問題提供最佳解答。

過去，人們要找出（自以為的）正確答案時，只能倚賴神明指示。在歷經過迷信階段之後，也有很長一段時間都是靠著權威人士的意見來處理問題。

然而，這個世界現在有了全新的轉變。最佳解答就藏在我們四周的資料中。若想尋求的答案並非近在咫尺，也可透過調查以找出可靠資料來縮小範圍。只要掌握了統計學這項知識，不論是想變健康、變聰明還是變有錢，都更加容易了。而且誠如前述，這些可都是經過全球各地的學者以統計學證明的事實。

要掌握這個力量，你所需投入的遠比ＩＢＭ所花的一四〇億美元要少得多，只要花一點時間讀完這本書就夠了。

PART 02

能大幅降低資訊成本的抽樣調查

「05」統計學家眼中的大數據狂想曲

每週都會有某家企業發表與大數據相關的新聞稿，有些雜誌和網路媒體則會刊登「大數據的未來」或「大數據時代的生存法則」之類的文章。現在只要是對資訊科技稍微有點興趣的社會人士，應該很少有人沒聽過「大數據」一詞。

在硬體廠商與系統整合商、顧問公司等各行各業中，都有人期待著「大數據」這個概念所帶來的商機。就連對資訊科技和統計學不太了解的商業評論家也都一致表示「大數據時代已經到來」。

平常會碰觸到的資料處理，頂多就是通訊錄或收支記錄等；在工具方面，只能想到用 Excel 工作表來管理的人，也開始對新的資料庫技術產生興趣。而對於一百年前就已經存在的統計學一無所知的人，也開始對「資料採礦」（Data

Mining）寄予厚望，這讓學統計的我，不禁為這樣的時代感到驚嘆不已。

被炒熱的專業術語

然而，這些人對**數據是大是小、或直接分析大數據能產生多少價值，以及投入的成本能否獲得等值的利益等問題**，究竟有多少了解呢？

不知道是因為沒人了解，還是雖然懂、但與自身利益無關，所以不便張揚？總之，我很少見到能回答這些相關疑問的論述。

經常聽到的多半是為了有效率地處理大規模數據，而研發出的新產品機制與功能，以及一些相關應用案例而已。

以硬體為例，據說甲骨文的 Exadata 產品展現了十倍於傳統資料庫系統的性能，而採用 Hadoop 架構便能將運算處理分散至多個硬體設備，故可高速處理大規模的數據。我想，諸如此類的說法應該有很多人聽過了。

Hadoop	為了分散式處理而設計的開放原始碼 JAVA 架構。負責分散式處理中的「妥善分割」部分。最近常聽到的大規模資料分散處理軟體，幾乎都是在 Hadoop 架構上執行。
AWS	就是 Amazon Web Services，由 Amazon 所提供的資料庫及資料分析等雲端服務。有些也支援大數據與分散式處理。
非結構化資料	以甲骨文為首的傳統資料庫（也就是關聯式資料庫，英文為 Relational DataBase，簡稱 RDB）是以「形式固定的整齊表格」和「表格之間的連結」為基礎來儲存及搜尋資料，而所謂的非結構化資料，就是很難統整為某種形式，或是故意不統整的資料。
NoSQL	處理 RDB 時，使用的是 SQL 語言；反之，不是使用 RDB 的方式來儲存及處理資料的，就叫做 NoSQL。
KVS	為 Key-Value Store（鍵 - 值資料儲存法）的縮寫。RDB 是指依據固定形式之表格與表格間的連結來處理資料，而 KVS 則是依據表格內之資料值（Value）與資料值之間的連結（Key）來處理資料。據說，KVS 也有利於包含非結構化資料的大規模資料分散處理。
R 語言	開放原始碼的統計分析用語言。世界各地的專家會自由製作並公開各種分析方法庫。而買不起付費軟體的窮學者早就將此語言運用得十分徹底，不過，它最近才突然備受矚目。現在 Exadata、Greenplum，甚至連 SPSS 都已經能直接調用 R 語言的分析方法庫了。

圖表 5 專業術語簡介

資料採礦	從既有的大量資料中，妥善抽出可能有價值的資訊或假設。又或是指達到該目標的方法。重視速度甚於精確度，較適合只需反覆進行單純計算的分析手法。最常見的例子就是對超市的 POS 資料進行資料採礦，結果意外發現，同時購買尿布與啤酒的比例很高。
文字探勘	用來分析寫給人類閱讀（或是說給人類聽）之自由文字的方法。它延伸了語言學的既有方法，目前已有相關商業應用。透過分析步驟，將文章依單字分割，然後分析出現的單字，以及單字之間的關聯性等。
Exadata	在資料庫業界引發了多年爭議，並經歷甲骨文的巨額收購戲碼後，終於完成了大數據相關主力產品。從軟體與硬體雙管齊下，能夠有效分散資料以進行高速處理。其性能相當驚人，而價格也很驚人。
Greenplum	Exadata 的競爭產品。比起 Exadata，由於此產品有效運用了開放原始碼技術，故能以較低成本做到高規格，進而達成高速處理龐大數據的目標。
分散式處理	一種運算處理的概念，意思差不多是——處理不完的大量資料，只要分給一百台伺服器去處理，最後再整合起來，處理速度應該就會快上一百倍。不過，最困難的部分在於——依據資料結構及演算法的不同，「先妥善分割，最後再整合」的處理程序也會不同。
內存記憶體資料庫	為了讓資料的讀寫速度更快，不用硬碟或 SSD（固態硬碟），而是用記憶體（RAM）來記錄資料。當然，由於記憶體上的資料會在電源關閉後消失，所以也有人嘗試以 SSD 搭配 RAM 的方式來補足此瑕疵。另外補充一點，內存記憶體的英文為 in-memory，但也有人用 on-memory。

在此將幾個與「大數據」有關的產品和專業術語列出，如圖表5所示。加快資料處理的速度，或許在使用者人數不斷增加的情況下，讓Web服務仍能夠提供便利順暢的品質，而公司內部系統更能以較短的時間完成定期匯總工作。甚至還可能帶來節省人事費用等其他好處。我所聽到的「大數據技術成功經驗」，多半就是這些了。

新的高價技術能以這種方式賣出，對IT相關產業來說，肯定是件可喜可賀之事。「資料處理速度可提高十倍唷」、「這是現在最流行的大數據產品」、「還免費附贈資料採礦工具呢」…等等，看來現在談生意時，都不必擔心會沒有話題吧。

活用數據不必花大錢

然而，從筆者眾多不同產業的諮商對象來看，只有技術是無法獲取商業利益的。以下便是一個典型的例子。

「我們公司（或者客戶的公司）累積了好幾 TB 的大量資料，伺服器雖非 Exadata 等級，但也都齊備了。這樣一來，能夠發現什麼嗎？」

對於提出這種問題的公司，我總覺得不可思議。我很想問：「你們連可能有什麼樣的發現都還不知道，為什麼會願意做出這樣的投資？」其實，我也真的這麼問過幾次，但只能得到「嗯，就覺得好像能發現些什麼嘛」或「至少初步掌握了現況」這種模稜兩可的答案。

貴的不只有 Exadata，要建構由多台高性能伺服器所組成的系統，是必須投入以千萬日圓為單位的大量資金。在某些情況下，其投資金額甚至可能高達一億日圓以上。即便如此，擁有決定權的公司大老們，似乎仍會一頭熱地對「不知道可以發現什麼」的東西投入大量資金。

若貴公司正打算投資大數據技術，但不是為了降低營運成本或提高服務品質，也就只是「想利用數據資料做出有效的商業決策」，那麼，請你至少再繼續讀個幾十頁吧。只要了解本書所介紹的統計學基礎觀念，就會知道不用花幾千萬日圓，甚至連幾十萬日圓都不必，也能夠依數據來做出正確的商業決策。

06 準確度足以嚇死人的抽樣調查

二五％的失業率！

諾貝爾經濟學獎得主保羅．克魯曼（Paul Robin Krugman）以「第二次經濟大蕭條」來形容從次貸危機開始籠罩全球至今的經濟不景氣現象，而第一次的「經濟大蕭條」則是從一九二九年發生於紐約證券交易的股價崩盤開始。

那時不只是美國，除了共產主義國家蘇聯以外的所有先進國家，幾乎都受到此股價崩跌的衝擊。ＧＤＰ驟降之下，甚至導致二次世界大戰的爆發。就在這個年代，知名導演小津安二郎拍了一部名為《我畢業了，但…》的電影，內容描述大學畢業生幾乎都找不到工作，年輕人為了就業，拼命奔走的故事，而

圖表6 經濟大蕭條時期，美國悲慘的失業率

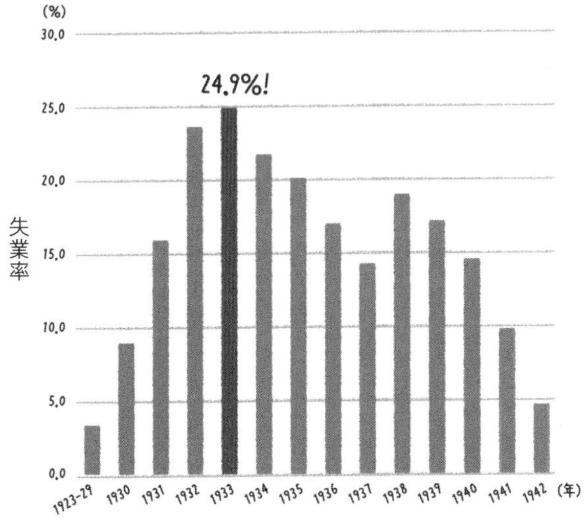

其實，當時的美國社會也有著同樣狀況。

和現代大學入學率已超過五成的情況不同，當時的大學畢業生可說是人數極為有限的菁英份子，但是經濟沒有好轉，再優秀的菁英也一樣找不到工作。據說，那時的失業率最高曾接近二五％（如圖表6），相較之下，現今日本所謂的就業冰河期還真是微不足道呢（二〇一二年十一月，日本的失業率為四．一％）。

支撐新政的統計學家

不過，對當時的政府來說，這種情況就某個層面而言是一種幸運。因為從另一角度來看，正因為大學畢業生的高失業率，政府才有機會大量挑選當時學了最新統計學的年輕、優秀的數學家與經濟學家來擔任公務員。

小羅斯福總統的新政府誕生於一九三三年，也正是失業率創下最慘紀錄二十四・九%的時候。為了對抗不景氣，於是計畫了統稱為「新政」的一連串政策。當時政府大量雇用眾多無處可去的優秀年輕人。例如，先前在第四章所提到的，因小羅斯福總統的大力支持，而得以啟動的佛明罕流行病學研究中心，有一批統計學家正是在此時期獲得政府採用的優秀青年們。

新政的目的就是要擺脫不景氣以及降低失業率，因此，必須正確掌握失業人數才行。當時不只是政治家，一般民眾也都將高失業率視為嚴重問題。然而，失業人口為一百萬所要採取的政策，基本上，和一千萬的失業人口並不相同，但那時對於失業人數只能做出「三百萬至一千五百萬人」左右的粗略推算。

而且你要知道，這是比調查五千人份的資料，都還要費盡千辛萬苦的佛明罕研究還要更早的時代。

要針對當時美國總計約一．二億到一．三億的人口進行調查，肯定比現在一次要處理好幾ＴＢ的資料還困難，簡直就像是在應付天文數字等級的「巨大數據」。

普查 vs. 抽樣調查

面對這樣的課題，當時所提倡的方法有兩種。

一種是由美國聯邦政府議會所提出的「要求失業者將資料填入登記卡，然後到離住家最近的郵局寄出」。

另一種作法則是由當時學過最新統計學的年輕人所提出，建議「隨機選出全國人口約〇．五％左右的人，然後針對這些人進行抽樣調查」。

結果政府先施行了後者的統計學作法，不僅找出了正確的失業率，還發現全國四〇%的所得集中在一〇%的人民身上，也就是嚴重的貧富差距現象。但是在當時，八十年前的那些老人聽到這結果後，都認為：「什麼隨機抽樣，實在是太離譜了！根本一點都不精準！」而一面倒地支持前者的普查方法。

請思考一下，如果你活在那個時代又剛好失業了，在沒有什麼特別獎勵的情況下，你會老實到特地花時間去拿登記卡並填寫資料後再去郵局寄出嗎？至少我就不會。如果我在當時處於失業狀態，就算有什麼禮券或是禮物可以領，也可能因為「覺得麻煩」而置之不理，甚至根本就不會注意到政府有這項要求。

後來也發現，很多沒有工作的年輕人並未協助該次調查，因此，所獲得之數據嚴重低估了失業人口。由於未將大部分失業者懶得回答的情況納入考量，沒試圖掌握因為怕麻煩而不協助調查的失業者，得到的「所有失業者回覆」當然就會偏少。

反之，**由年輕統計學家提出的抽樣調查，則在經過十年以上的反覆驗證後發現，其結果準確到嚇死人**。所以從一九四〇年開始，政府便將這種調查方法加以制度化，直到今天，美國仍利用隨機抽樣的方式來研議各種政策。

就算上述這種不切實際的普查沒有不寄登記卡的誤差存在，只要想想需要彙總可能高達一千萬張的登錄卡，以及彙總總人口數約〇．五％的資料（亦即約六十到七十萬人），比較一下這之間的工作量多寡，以及何者較省錢又快速，就會知道肯定是後者比較理想的。

有些人的想法跟八十年前一樣老舊

後來，相較於全世界，美國首先擺脫了經濟大蕭條，而這到底是不是羅斯福與統計學家所提之新政的功勞？在經濟學家之間依舊無一定論。但至少他們所設計的調查，證實了新政施行的大規模公共工程，確實降低了失業率。

而能以有限預算進行調查，並推估失業率實際下降了多少，便毫無疑問是這些優秀統計學家的功勞了。

之後，他們又陸續設計了一些利用抽樣方式定期進行的調查，以取得可掌握一國總體經濟狀況的「消費者物價指數」及「工業統計調查」等重要指標。若是少了這些重要的數據指標，就連經濟學者事後要檢討「經濟不景氣時應採取的因應政策」，都可能會因為缺乏可信數據而流於空談。

所以，要是日本還未徹底脫離「第二次經濟大蕭條」的話，希望日本政府也能積極延攬尚未就業的優秀統計學研究生，充分利用他們的才能。

我到現在都還經常聽到「有些人」提出「抽樣調查的結果不可靠」這種意見，看來，日本公共管理領域的統計學素養似乎還停留在八十年前的美國。

抽樣調查的精確度當然比普查要低。但問題在於低了多少？而這樣的精確度差異又會對判斷或應採取的行動有何影響？也就是說，如果是不會影響判斷及行動的精確度便毫無意義，而為了這樣的精確度，必須付出的成本便是浪費。

在面對規模大到難以處理的資料時，只要適度抽樣，即可大幅降低成本，這個本質不論是在八十年前，還是到了現在都不會改變。但儘管如此，對大數據充滿興趣的商業人士卻還是只關注到要如何直接處理大量數據的作法。

07

該為了一%的精確度而花費數千萬日圓嗎？

對於抽樣調查的「常見反駁」

大部分的人都認為，想知道又精又準的結果就必須進行全面普查。而對於反駁「抽樣調查」則有一種常見論點是這樣的——（以第5章所介紹的失業率調查為例）就算從全國人口中隨機選出的〇．五％的人都失業了，只要無法證明剩下的九九．五％都失業，整體失業率就只有〇．五％而已，怎麼能夠推論說，失業率是一〇〇％呢？

這種「常見反駁」所提出的情況到底有沒有可能出現？嚴格來說，確實「不是不可能」。但統計學家不會只提出「不是不可能」這種答案，而是一定會同時提出「該情況出現的可能性有多高」的數據。

當失業率為〇・五%，從總人口一・二億中抽樣〇・五%，也就是六十萬人進行調查的話，恰巧碰到這六十萬人都失業的可能性當然不等於0。因為以「$1 \div 64{,}000{,}000{,}000^{100{,}000}$」所求得的數字，嚴格來說，在數學上不叫做0。

若要在此以正確的小數數值來表示這個機率，至少需要好幾個連續頁面，而且每頁都印滿了一百萬個以上的0。

或許你根本搞不懂為何會出現這樣的數字，不過，可以試著這麼想——假設有個籤筒的中籤率為〇・五%，也就是每抽兩百次只會抽中一次，那麼，連續抽中六十萬次的機率有多高？

就算把籤抽出後放回籤筒再抽的方式（在統計學的專業術語中稱為「放回取樣」〔sampling with replacement〕）比不放回籤筒的方式（即「不放回取樣」〔sampling without replacement〕）更可能連續抽中，但那也需要「$1/200^{600{,}000}$」的奇蹟發生。而這就是先前所說的「$1/64{,}000{,}000{,}000^{100{,}000}$」的由來。

更何況這是在放回取樣的狀態下，六十萬次的中籤率每次都會固定為

「1／200」，但實際進行失業率調查時，用的則是不放回取樣方式，因此，最後第六十萬次的中籤機率只會剩下約「1／119,400,000」，光是這個數字本身就是個奇蹟了。也就是說，「$1/64{,}000{,}000{,}000^{100{,}000}$」這樣的天文數字其實還不夠精準。

如此看來，好擔心這種奇蹟會發生而提出「常見反駁」的人，要不是特別悲觀，就是說謊也能面不改色的騙子。明明連「會有巨大隕石在這一瞬間掉落於此的風險」都不擔心了，又為何要擔心「可能因極端抽樣結果，而產生調查結果不準確的問題」呢？

〇．五％的機率或許會讓人覺得太不切實際，但就算中籤率是九九％，要連續抽中六十萬次也並不容易。連續抽中六百次的機率都只有〇．二四％了，更遑論連續六十萬次的機率可是要再乘以一千倍呢。

以上是為了簡化計算過程，我以「所有調查對象皆命中」的例子來解說，而即使不是這樣，就算只對十萬人進行調查，真正的結果值光是要和調查結果值有一％以上的偏差，都是需要奇蹟出現的。

圖表7 計算標準誤差的公式

$$\text{標準誤差} = \sqrt{\frac{\text{全體人數} - \text{抽樣人數}}{\text{全體人數} - 1} \cdot \frac{\text{真正的比例}\left(1 - \text{真正的比例}\right)}{\text{抽樣人數}}}$$

誤差的計算方法

真正的誤差計算。其實不是像前述這樣直接計算機率，而是以圖表7的公式來計算。

以前述的例子來說，全體人數就等於一・二億的國民總人口數，真正的比例則要填入「真正的失業率」之值。這個值我們當然不知道，但將抽樣調查所算出的失業率數值填入是不成問題的。

若希望能更嚴謹一點的話，由於「標準誤差」會在真正的比例為五〇％時達到最大，故可先嘗試填入該值，藉以考量「最大的可能標準誤差」。

至於為何比例為五〇％時，標準誤差最大呢？因為有「0.5 ×(1－0.5)」比「0.6 ×(1－0.6)」或「0.3 ×(1－0.3)」都要大，從這樣的計算結果來看，應該多少就能理解其原因。

而這個標準誤差到底是什麼呢？**就是真正比例位於從抽樣算得的比例（例如失業率），減去二倍標準誤差到加上二倍標準誤差的範圍之間，其可信度約為九五％的值**。

例如，若抽樣調查所算出來的失業率為二五％，其標準誤差為〇．五％的話，那麼，普查所得的真正失業率幾乎可肯定會落在二四％～二六％之間，而這是統計學家早在八十幾年以前就已證明的。

即使增加一萬個樣本，標準誤差也只有〇．一％的變化

另外，我也想讓不想研究公式的人看看，標準誤差會有什麼程度的變化。

例如，要從十萬名的顧客資料中查出男女性別比例，假設調查結果為女性占了七〇％。此時，針對不同抽樣人數所造成的不同程度標準誤差進行研究，

便發現其變化趨勢如圖表8所示。

當抽樣人數只有一百人時，其標準誤差高達四．六％，這時所獲得的「女性顧客占了七〇％」的調查結果，實際上，只能解釋為「女性顧客占了六一％～七九％的比例」而已。但若抽樣人數有一千人，標準誤差就降至一．四％，幾乎可以肯定「女性顧客占了六七％～七三％的比例」；而若抽樣人數超過八千人，標準誤差則降至〇．五％，便可肯定「女性顧客占了六九％～七一％的比例」了。

但反過來看就會發現，即使抽樣數加倍，誤差值也不會下降太多（因為抽樣一萬人的標準誤差為〇．四％，若增加至兩萬人，其標準誤差也不過降至〇．三％）。

將這樣的調查結果，和投資昂貴的資料處理伺服器而獲得「女性顧客比例剛好是七〇％」的結果相比，在下判斷時，到底會造成多大的差異？

八千名顧客資料的隨機抽出與輸入，是管理資料庫的技術人員稍微查一下就能馬上辦到的事，而將八千人份資料匯總成 Excel 的工作表，即使是工讀生也

圖表 8　不同樣本數所造成的標準誤差變化趨勢

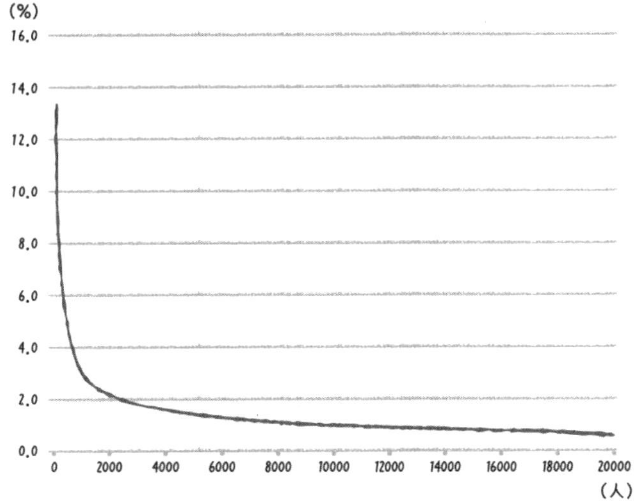

只需花個幾分鐘就能完成。就算把技術人員的加班費和工讀生的打工費加起來，大概也只要幾萬日圓便能搞定。**而為了提高那一%左右的精確度，真的具有投入數千萬日圓資金的價值嗎？**

若答案是「Yes」，那麼，貴公司確實應該投資大數據技術。若答案為「No」，則貴公司所投資的數千萬日圓資金，就等於有一部分（甚至是全部）都丟進水溝裡浪費掉了。

先從要做出正確判斷所需之最小資料量開始

這或許有違大數據時代的思維，但對於來找我諮詢數據分析的人，我都會建議「先從正確判斷出所需之最小資料量開始」。如果一％的誤差於今後累積起來，將造成數千萬日圓的收益或成本差異，那麼，想必投入大數據分析技術就會有幫助。但即使是這種狀況，也不一定要在一開始就以所有資料來分析。

在分析數據的過程中，往往需要一些試探性的作業。原始資料愈複雜，實際嘗試後，愈容易出現剛好與理論相反的結果，為了保險起見，便需要嘗試各種不同的分析方法，又或者發現了所用數據本身有某些問題存在，必須先加以修正等，這些都是連經驗豐富的統計學家也無法避免的過程。甚至應該說，愈是經驗豐富的統計學家，為了避免犯錯，會愈縝密地進行這些初步分析。

觀察結果的同時並嘗試各種方法與分析角度，這樣的試探性分析最重要的莫過於嘗試錯誤的次數。因此，會希望儘量避免使用特殊工具來編寫複雜程式，或是必須長時間等待分析有所回應。由此可知，即使最終仍需以所有資料為對象來進行分析及驗證，一開始只使用分量適中的抽樣資料來做試探性分析，並找出假設目標會比較好。

要找出合理假設所需的資料數量與抽樣方法，雖然需要具備相當專業的統計學素養才能夠判斷，不過，如果只是想掌握大致的數據概況，通常只要先抽出幾千到一萬件資料來試就行了。而像這種份量的資料，即使是只會使用 Excel 這類軟體的人也足以應付。

當然，在從龐大數據中，以一定條件快速並隨機地抽樣，以及檢驗最終分析結果的效度（Validity）時，大數據技術肯定能發揮最大效用。但那樣的速度與精確度到底具有多少價值？就要看你能從分析結果獲得多大的回饋了。

畢竟，分析本身並無任何價值，其價值是從分析結果所採取的行動，到底可以帶來多少價值而定。

PART 03

誤差與因果關係是統計學的重點

「08」拋棄傳統的統計方法吧

結論是「喔⋯」的分析圖表

對數據分析來說，有個觀念非常重要——**該分析所產生的判斷，是否能為公司帶來高於分析成本的利益？**

常常有人會把顧客的性別及年齡、居住地區等結構比例，或是問卷調查中回答「非常同意」的人占了多少百分比等這類彙總資料，直接當成「分析結果」來呈現。即使是自稱顧問或行銷專家的人，也有不少是靠著這種做問卷調查、畫畫漂亮的摘要圖表來混口飯吃。

但這些所謂的結果，是否只具備了「感覺似乎掌握了現況」這種程度的意義？而將該結果報告給你的上司或客戶後，是否能獲得除了「喔⋯」一聲以外的其他反應？

為了將數據應用於業務的「三個問題」

所謂除了「喔⋯」一聲以外的其他反應，就是指「能改善經營或業務的具體行動」。而為了引發這類具體行動，你的分析結果至少要能回答以下「三個問題」：

【問題1】哪個因素的變化能提高收益？
【問題2】採取可引發這種變化的行動，可行嗎？
【問題3】若是可引發該變化的行動可行，其成本會高於所增加的收益嗎？

能夠回答這三個問題，才有希望達到「透過行動來提高收益」的目標，否

圖表9 沒有呈現出任何資訊的精美圖表

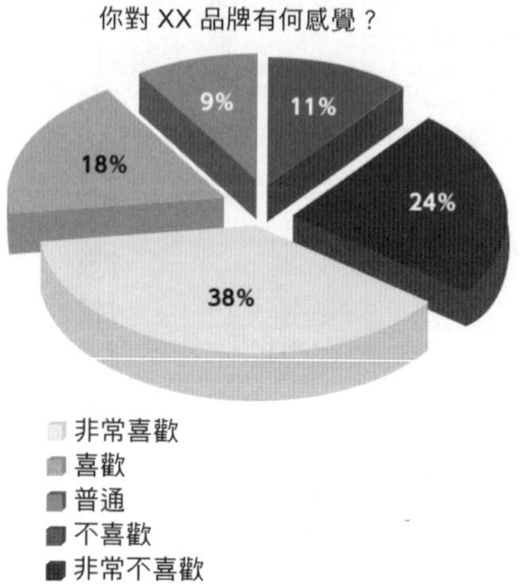

則，就沒必要特別依據統計分析來採取新的行動了。

例如，有些號稱很厲害的顧問或行銷專家常常會以類似圖表9的精美圖表來展示「品牌調查」結果，然而，這樣的結果能回答前述的「三個問題」嗎？

這個圖表或許會讓該公司的員工覺得自家品牌看來是受歡迎的，但對業務來說，重點應該放在——對此品牌越有好感的人，其消費金額是否就會比較高？反之，如果該品牌的調查結果是極不受歡迎，但長期以來對銷售量

圖表10 用了大數據卻依舊內容貧乏的圖表

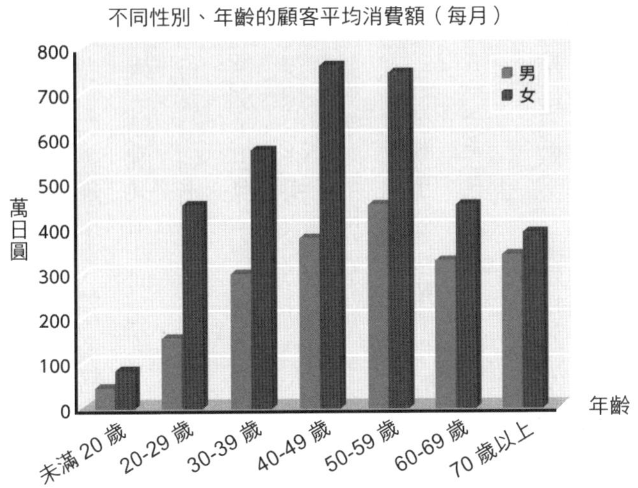

都沒有影響，那就不成問題。畢竟，討人厭還能稱霸業界的經營判斷也不是沒發生過。

接著，還必須考慮「是否有某些實際行動（例如舉辦活動）可提高品牌受歡迎的程度？」，以及「為了提高品牌受歡迎的程度，需要花費多少成本？又能帶來多少利益？」等問題。

若是做什麼都無法讓品牌更受歡迎，那也只能讓大家繼續討厭下去；然而，就算讓品牌更受歡迎便能增加收益，但，要是所投入的成本過高會造成虧損，那還不如繼續讓大家討厭。

可惜的是，圖表10完全無法回答上述任何一個問題。

又或者，假設匯集貴公司資料庫所累積的「大量顧客資料」後，得出如圖表10的結果，情況又是如何呢？

此圖有直接列出銷售金額，多少算是好一點；但很可惜，我們無法改變目前顧客的性別，也無法施展魔法讓顧客突然變老或變年輕。

若硬要想出能採取的行動，大概也只有針對消費金額較高的性別及年齡客層舉辦活動等等，而即使如此，若要回答以下問題，這些資訊仍嫌不足。

【問題2】採取可引發這種變化的行動，可行嗎？

【問題3】若是可引發該變化的行動可行，其成本會高於所增加的收益嗎？

不論是自己做的、還是拜託別人做的分析，如果完全無法回答【問題1】～【問題3】，那根本就是白費力氣，更遑論精確度與速度如何。這樣的分析結果恐怕也只有「好像比較清楚了」這一丁點價值而已。

雖然我經常在工作場合聽到一些商業人士表達「用數據分析來判斷業務終究是行不通的」這種意見，但若是說「無法解答任何問題的單純資料彙總，無助於業務判斷」，那我倒是舉雙手贊成。數據分析之所以行不通，終究還是因為多數人「只會做無助於商業判斷的數據分析」。

十九世紀以前的數據分析，都只是在做「彙總」罷了

找出平均值、算出百分比等古典的「統計」，從十九世紀初開始為世界各國所採用。例如，白衣天使南丁格爾的故事大家都耳熟能詳，而這位護士最偉大的成就之一，就是彙總參戰士兵的死亡原因後發現，絕大多數士兵並不是在作戰時受傷死亡，而是因負傷後感染了某些細菌才過世的。

後來，她以此資料威脅軍方高層及政治家，表示「若不希望因戰爭折損兵源，就要儘快在戰地提供乾淨的醫院設施」，所以這大概也可算是此種「資料

彙總」的作用之一吧。

不過，從南丁格爾時代起算的一百年間，統計學有了極為迅速的發展。從她的彙總圖表中，雖能看出各種死亡原因的比例多寡，但只要提供乾淨的醫院設施真的就能減少傷亡人數嗎？投入多少成本在醫院設施又能拯救多少性命？關於這些疑問，此單純彙總也和先前提出的圖表例子一樣，完全無法回答。

若想回答這些問題，**就必須應用廿世紀較先進的現代統計學才能辦到**。

如果只用大數據技術來做簡單的資料彙總，就等於是裝著兩個世紀以前的頭腦使用現在的最新科技，連大材小用都不足以形容。

09 這世界到處充斥著，沒有考慮因果關係的統計分析

漏洞百出的圖表

我在前一章有提到，統計分析必須能夠回答以下三個問題才有意義。

【問題1】哪個因素的變化能提高收益？

【問題2】採取可引發這種變化的行動，可行嗎？

【問題3】若是可引發該變化的行動可行，其成本會高於所增加的收益嗎？

當然，並非所有情況都只靠統計分析的結果就能回答這三個問題，對於無法完全靠數據判斷的部分，經驗與和直覺就會顯得相當重要。

圖表 11 讓人覺得「所以…那又如何？」的圖表

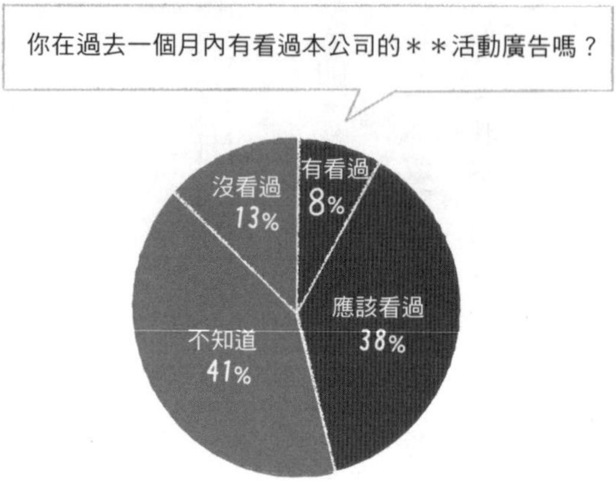

若你的統計分析完全無法揭露任何實質上可以達成、預期能獲得良好投資回報的行動，那還不如一開始就只靠經驗和直覺來決定就好。

例如，我曾遇過一位行銷人員，他提出了類似圖表11的結果做為其「行銷活動評估報告」。

依據此結果，這位行銷人員宣稱：「由於〈有看過／應該看過〉的人總計占了四六％，表示此活動獲得了接近半數的高認知率！恭喜！活動成功！」但卻完全不聽周圍的人對該活動的意見。

事實上，這個活動的成果並不值

得恭喜，而且是負責人的統計學素養太糟才會如此樂觀。

這圖表的漏洞之多，叫人不知該從何批評起，所以我直接講最大的問題就好，問題應該在於這份資料的來源，它來自於消費者購買該活動的目標商品後所填的問卷。不論是網路還是實體店鋪，會購買商品的人大部分都暴露於較易看到有刊載活動宣傳之橫幅廣告及海報、傳單等環境。

從這些有極大偏差的資料中獲得活動認知率很高的結果，到底有什麼值得開心的？

無確實根據的指標運用

不過，就算能在全日本隨機抽樣並正確測得該活動的認知率，還是無法跳脫「所以…那又如何？」這個層次。因為不論有多少人知道這個活動的內容，如果無法產生實際的購買行動，就沒有任何意義。

圖表12 也可能出現這樣的結果

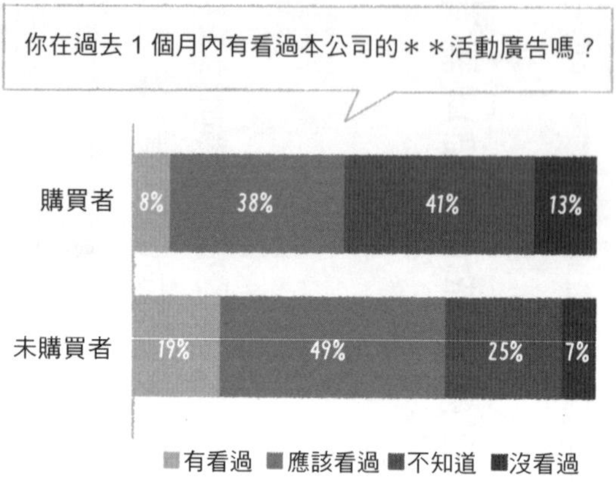

不只是認知率而已，**包括「總人數」、「活動網站的訪問數」、「受喜愛程度」等許多用於評估行銷效果的指標，都是在不確定是否能導致實際購買行為的狀況下，就被拿來運用了。**

各位應該也有過「常看到某個廣告，也對廣告印象深刻，但並不想購買那個廣告的商品」這種經驗。像我就很常看到朝日啤酒的廣告，每次看都覺得創意十足，但我們家幾乎都只喝麒麟啤酒。這種現象如此普遍，那些行銷人員卻仍將今天「有多少人看到」、「有多少人表示喜歡」等調查結果彙總，並當成「分析結果」來展示。

舉個極端的例子，行銷人員往往忘了也可能出現如圖表12那樣的調查結果。購買者部分用的是和先前一模一樣的數值，因此，和先前一樣可得出購買者有近半數曾看過該活動廣告的結論。若再看看未購買者的調查結果便會發現，有六八％、亦即接近七成的未購買者表示他們曾看過該廣告。依此數據來看，結果反而變成是「看了廣告的人比較不會購買該商品」。

要是發生這種情況，就該檢討廣告中是否有任何讓人看了就不想買的內容。

哪種食物會導致死亡、犯罪與暴動？

像這樣未經適當比較的片面簡單彙總資料到底有多笨，只要再多看一些淺顯易懂的例子，想必連小學生都能體會了。

〈請考慮是否應禁止下列食物〉

・因心肌梗塞而死亡的日本人有九五％以上，在生前都食用過這種食物。

- 強盜及殺人等重刑犯有七〇%以上，在犯罪前的二十四小時內都吃過這種食物。
- 一旦禁止日本人攝取此種食物，有時會引發明顯的精神緊張現象。
- 在日本，從江戶時代以後所發生的暴動，幾乎都是這種食物造成的。

以上所描述的食物就是「米飯」。不管是病人還是罪犯，絕大多數的日本人都是以米飯為主食，一旦禁止，就可能造成民眾焦躁、坐立不安。若是受到社會壓迫而吃不到米飯，就算是平日舉止溫和的日本人大概也會起身強烈反抗。

如果只看單方面的彙總，便會導出「應禁止大家食用米飯」這種可笑的結論。只看過這種「統計分析」，當然會覺得「統計學找不出任何有用資訊」。

我可沒有故意以不誠實的行銷人員來做例子。不只是行銷領域，這類無意義的「分析」其實現在隨處可見。就連國外一流商學院所採用的專業書籍裡，也都有以這種無意義的分析結果為依據來主張「活動成功！」的假象。

不過，**只要具備統計的因果推論知識，亦即能以「充足的資料」進行「適當的比較」**，就能超越經驗與直覺，更輕鬆地找出能讓業績蒸蒸日上的密技。

10 改變投遞DM的方式，就能多賺六十億

買與不買的人，差別在哪裡？

這個世界不知為何就是有人願意買我們家的產品，有人則不願意。如果能找出這個「不知為何」的差異性，就能透過控制這個差異，來增加購買人數。

本書中，我都會用「密技」一詞來指出你絕對沒有想過的「妥善控制差異的方法」。

例如，若光是「有沒有看過特定廣告」這項差異，就會對該產品的購買率產生幾十個百分比的影響，那麼，只要再多砸點錢在該廣告上，應該就能大幅增加銷量。

如果是「有沒有朋友曾經推薦」這項差異會造成很大影響，那就可嘗試針對既有顧客展開推薦給朋友的行銷活動。

這些差異幾乎是所有參與業務相關工作的人每天都在想的事。只不過最關鍵的那個「差異」，多半不是以數據或統計分析為基礎，而是依據「經驗和直覺」而來。也就是「根據我的經驗，大部分顧客一開始都是經由朋友介紹才來店裡的」這種想法來判斷「差異」，然後應用於營運策略上。

「經驗」很不可靠

然而，經驗往往都是錯的。例如，聽到下述的「墨菲定律」，大概很多人都會覺得：「沒錯，我也有過這種經驗」。

- 遇上突如其來的傾盆大雨時，若是就近買了一把新傘，通常買完後沒多久就會立刻放晴。

• 烤吐司掉落地面時，總是塗了奶油的那一面會著地。

• 總是在快要遲到的時候，火車就會剛好誤點。

事實上，心理學家及認知科學家都已證實，這樣的「經驗」大部分都受到「記憶偏見」的影響。稍微仔細想想應該就知道，到目前為止的人生中，在你經歷了數十次因為遇上傾盆大雨而就近買傘的經驗裡，「平安地撐著傘回到家」與「買完後沒多久就放晴」的這兩種經驗，哪個比較令人印象深刻呢？

和雨傘及吐司的例子一樣，你的成功法則不也只是將少數偏頗的成功經驗過度擴張後的結果嗎？因為人類所具有的認知特性，會造成我們一旦產生了先入為主的觀念，就將一切都加以合理化。

而統計學能夠彌補人類的這項缺點。只靠經驗與直覺並無法判斷我們是「真的知道」，還是「自以為知道」可以左右收益的差異在哪裡，但若有正確的資料得以比較，就能明確找出差異。

改變廣告郵件的散播方式，就能多賺六十億日圓

舉個例子，我以前曾替一家零售商做過數據分析，結果發現，會對購買行為造成最大影響的，是「有沒有收到廣告郵件」這項差異（如圖表13）。

在此順便說明一下，本書中，我打算都介紹自己實際經驗過的案例。只不過基於保密義務，企業名稱及行業別、銷售數字等，都會以不影響統計學上的理解為前提，改用「虛構資訊」，這點還請各位見諒。

此客戶有一千萬名以上的顧客，平均每年都在其店內消費數千日圓，是個整體年營業額超過一千億日圓的大規模企業。

他們利用已登錄為會員的一百萬份顧客屬性及消費記錄等資料來改善其服務。此外，每年還會有四次隨機寄出總共三十萬份印有促銷贈獎活動資訊的廣告給部分會員（這些寄送記錄也都加以利用）。廣告郵件的成本為每份一百日圓，因此，這個活動每年要花費約三千萬日圓左右。

用於分析的顧客資料總計兩萬份，採用隨機抽樣的方式取得，然後以三個

圖表13 某家零售商的數據分析結果

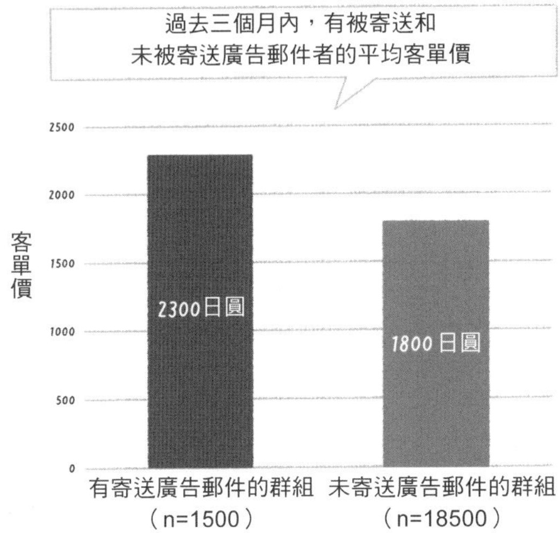

月的期間為單位來劃分並進行分析，其中有一千五百人（兩萬人的七・五％）在過去三個月內有寄送廣告郵件給他們，剩下的一萬八千五百人（兩萬人的九二・五％。再次強調，這些數值都是虛構的，實際的結果數據不一定有這麼漂亮）則未被寄送廣告郵件。而正如先前的圖表所示，有寄送廣告郵件的群組，在分析期間內的平均消費額為二千三百日圓，未寄送廣告郵件的群組則平均只消費了一千八百日圓。

這樣的結果代表著——只要

多寄送廣告郵件給一個人，就可能帶來三個月五百日圓的營業額增長。

目前用於分析的這兩萬份資料，在三個月期間內的消費總額為「2,300 日圓×1,500 人＋1,800 日圓×18,500 人＝3,675 萬日圓」。而該企業的年營業額則再乘以四，也就是 14,700 萬日圓。那麼，要是對兩萬名會員都寄送廣告郵件，情況會變成如何？也就是「2,300 日圓×2 萬人＝4,600 萬日圓」。

就算扣掉增加的一萬八千五百份廣告郵件成本（每份一百日圓），也還有 4,415 萬日圓，再乘以四倍，就代表年營業額會變成 17,660 萬日圓。也就是說，這些數據提示了一種可能性，亦即只要更積極地寄送廣告郵件，就算扣除郵件成本，也可能使營業額增加到一．二倍左右。

想想看，若將這個作法擴及所有已登錄通訊地址的會員將產生什麼效應？會員消費占了全公司整體營業額約一成左右，而對全體會員寄送廣告郵件，可讓消費金額增加約一．二倍。換算之下，整體的營業額其實只會增加二％左右（10%×1.2＝12%）。而整體營業額一千億日圓的二％，則增加約二十億日圓。

我實際交給客戶的報告並非只是單純提出「只要多寄廣告郵件，就能提高銷售額」這種結論，而是進一步揭露「顧客會因收到廣告郵件，而增加消費額與沒有增加消費額有什麼差別」，或是「廣告郵件增加了顧客消費額，與沒有增加顧客消費額有什麼差別」，以及其區分規則。

只要依據該規則來分別發送廣告郵件，**預計就能在郵件數不變的狀態下，讓總銷售額成長六%**。而這就是一份「能多賺六十億日圓左右的報告書」了。

在此之前，該客戶已具備寄送廣告郵件可提高銷售額的經驗，對於「能透過寄送廣告郵件，得到理想顧客的特徵」這個回饋，也算是他們意料中的事。

然而，運用實際資料並進行全面性的比較，就能讓「不知道從何而來的認知」成為有數據資料支撐的論點，並讓接下來的策略目標（也就是「現在最該採取的行動」）變得顯而易見。

但若要說這就是統計學的力量，那又言之過早。雖說像這樣為了比較各種因素所做的彙總（在專業術語中稱為「交叉表列」〔cross tabulation〕）也是統計學上的一種重要工具，但光是如此仍是靠不住的。

那麼，到底該怎麼做才能脫離不可靠，找出真正有意義的差異呢？

11 營業額真的提高了？還是只是誤差？

不考慮「誤差」的試算都不切實際

在前一章中，我以簡單的交叉表列找出了可能增加銷售額的因素，還試算了可能增加的營業額，但其實這樣的計算根本不切實際。因為在該計算過程中，完全沒考慮到「誤差」的存在。

現代統計學之父羅納德·費雪等人的時代和過去的統計學之間最大的差異，便是在於誤差的處理。數據到底有多大的誤差？該誤差對我們真正想知道的值具有多大影響力？將誤差考慮在內的結果是否仍有意義？能夠明確解答這些問題，正是費雪等人的一大功績。

以前一章的例子來說，「已寄送廣告郵件與未寄送廣告郵件群組的消費額差異」才是我們真正關心的值。雖然我以簡單的估算方式算出了五百日圓的差距，但這五百日圓已經包含了誤差的值。若今後繼續追蹤這些資料並進行同樣的研究，該差距也有可能變成三百日圓、一千日圓，有時甚至可能反過來變成未寄送廣告郵件群組的消費額較高。

而最糟糕的情況就是——已寄送廣告郵件與未寄送廣告郵件群組之間的消費額根本沒什麼差別，這次只是因為誤差才產生了已寄送廣告郵件群組的平均消費額較高的結果。又或是即使真的有差，但差距低於一份廣告郵件的成本。若是在這種情況下卻決定採用「積極寄送廣告郵件」的策略，便會造成廣告郵件成本的損失。

所謂的「A／B測試」是一種親和度的比較

其實，除了第9章所介紹的「無意義的彙總資料」外，像這種以交叉表列方式計算、不考慮誤差的浮誇數字，在真正的商業領域中也還蠻常見的。

例如，以前曾邀我擔任統計學講師的一家電子商務公司總是很積極地做「A／B測試」（A/B testing）。他們會改變橫幅banner的尺寸、頁面間的切換路徑、文字內容、字型設計面與功能面等細節，然後檢驗「哪種設計比較好」。

在此補充一下，**所謂「A／B測試」，就是嘗試然後比較A型與B型兩種設計或功能的作法**。專為A／B測試所設計的工具和服務等，最近在矽谷也屬於較熱門的話題，Adobe投下鉅資收購了在此領域占有重要地位的Omniture公司，以及出身於Google、曾任美國總統歐巴馬競選策略幕僚的丹・斯洛克（Dan Siroker）所創立的Optimizely公司，則威脅了Omniture在該領域的地位等。

這類測試通常是讓使用者隨機連上該網站的A型或B型設計，然後依據一定期間內所收集到的存取記錄，來比較A型與B型（若是難以隨機顯示不同類型的設計，有時也會採取讓每種類型各顯示一週等固定期間的方式）。

而所比較的多半是橫幅banner的點按率、商品銷售額、付費會員的註冊率等與利益直接相關的數據，判斷出A型與B型何者較具明顯優勢後，再正式讓網站採用該類型的設計。

另外，就算是同時比較三種類型的情況，也不會改稱為「A／B／C測試」，仍是以「A／B測試」稱之。再補充一點，在統計學上，這種資料處理方式不叫「A／B測試」，而是叫做「隨機對照實驗」（此外，A類型與B類型等條件的變換方式不含隨機性的實驗，又稱為「類實驗」）。

雖然出現了「〇・一％」的差距

剛剛有點離題了。總之，該電子商務公司很努力地每個月都仔細進行了A／B測試。由於百分之零點幾的轉換率（購買率）差異就能導致上億的年度

圖表 14 某電子商務公司的 A/B 測試結果

	有購買商品	未購買商品	總計
A（原設計）	9500 人（9.5%）	90500 人（90.5%）	10 萬人
B（新設計）	9600 人（9.6%）	90400 人（90.4%）	10 萬人

營業額差距，所以，他們組織了專門的團隊，持續依據到目前為止的趨勢來思考新的改善方案，這真是很棒的策略。

提出可增加轉換率改善方案的員工，在定期會議上獲得了讚揚，整個部門都沈浸在備受祝福的氣氛當中。就運用數據來改善營運的態度而言，該公司的作法確實是非常值得讚賞。

然而，這裡有個陷阱，那就是他們沒考慮到「誤差」的存在。

在參加了由我擔任講師的座談會後，負責此 A／B 測試的團隊成員之一問我：「是否也能請您分析一下我們所做的 A／B 測試結果呢？」而她給我看的測試結果，就類似圖表 14 所示（非實際數據）。

也就是針對該網站的來訪者，隨機顯示原本的 A 類型設計與改善後的B類型設計，然後分析兩者各十萬人次的瀏覽記錄，結果發現，原本類型的購買率為九・五%，而改善設計後的購買率則提升至九・六%。

依據前一節的算法，只要採用這種新的設計類型就可能將銷售額提高至一・○一倍（9.6% ÷ 9.5% = 1.01）左右。也就是說，若該公司目前的銷售額為十億日圓，預計就能增加約一千萬日圓的收益；若目前銷售額為一百億日圓，則預計能增加約一億日圓的收益。而且不必多做額外投資，只要更改頁面的細節設計就行了。若真是如此，也難怪會讓人沈浸在備受祝福的氣氛之中。

但可惜的是，事實上他們並不確定這樣的差距到底是有意義的，還是只是誤差而已。

輪到「卡方檢定」與「p值」上場了

有一種分析手法可用來確認這類交叉表列所呈現的，**是否為「合理的偏**

差」，或者說，就算有誤差，仍會產生這種程度的差距，這就稱為「卡方檢定」。

我當場針對該公司的A／B測試結果進行卡方檢定分析，而得出了這樣的結論——就算在購買率無差異的狀態下，因資料誤差而產生這種程度（十萬人次中有一百人以上）的差距，其發生機率有四四．七％。

在統計學的專業術語中，**稱這種「實際上沒有差異，卻因誤差或偶發而產生資料差距（嚴格來說，更極端的差距也包含在內）的機率」為p值**。

這個p值越小（依慣例要在五％以下），科學家便會以之為基礎，判斷「此結果不太可能會偶然發產生」。

本應要在五％以下的p值竟然高達四四．七％，這表示他們所讚揚的設計、團隊所獲得的祝福，根本無法保證未來是否真能為公司帶來數億日圓的營業額。

這就像是某人只丟一次硬幣就出現正面，便有人興高采烈地大喊著：「太棒了！我們找到能持續丟出正面的魔法硬幣了！」或是「太厲害了！這個人學會了每次都能丟出硬幣正面的必勝秘技了！」

在不確定是否真有意義的情況下持續定期改善，心情隨之上下起伏，然而，實際上還是無法得知，這些動作到底能不能提高收益。

當然，我不只告訴那位團隊成員：「光這樣還無法確定此差距是否真有意義」，同時也告訴她，在統計學上，要證實○．一％這種小幅差距所需要的樣本數有多少，以及如何用 Excel 來計算。本書在先前就已提過，資料的樣本數越多，誤差就會越小。若想以資料來驗證○．一％的購買率改善值是否可信，只要將各類型的資料數都增加到一百萬人次即可。

而該成員在離開前則對我說：「今天向您請教的知識，若是分享給我們整個部門，別說是作業流程了，就連營運方針都可能要徹底改變。」我也深有同感。這家公司對於將數據資料應用於公司營運的態度相當積極，但即便如此，仍免不了落入「難以判斷是否真有意義，卻仍反覆進行 A／B 測試」的陷阱中。

了解何謂誤差，並將誤差納入考量之後的情況下，該結果是否仍具意義？

——只要能學會這樣的統計學觀念，想必就能夠跳脫這樣的錯誤了。

「12」到底該分析什麼樣的數據？

找出密技的第三個關鍵

「進行適當的比較」，然後「除了資料彙總，還要明確算出其誤差與p值」。只要能注意到這兩點，要找出超越經驗和直覺的密技，就會變得容易許多。

但當你自認為已理解這兩點，並開始著手分析資料時，**往往又會產生「何謂『適當的比較』？」或者更具體一點，「到底該拿什麼和什麼相比？」的疑問**。

到目前為止，我已介紹過幾個典型的例子，包括從各種切入點來比較「消費金額」及「購買率」等與銷售額直接相關的指標。但在商業上，該比較的資訊可不只有營業額而已。

只要對統計學有相當程度的了解，就會知道「該如何分析資料」。但在實際進行研究調查時，就會發現「該收集並分析什麼樣的資料」才是決定性的關鍵。很多人會用「統計學家的直覺」來解釋這種能力，然而，只要再仔細想想就知道，這樣的直覺其實每個人都能擁有。

那麼，我們到底該比較什麼樣的資料，才能找出可能造成差異的因素呢？

商業上的明確目標

答案相當簡單，只要比較「已達成目標者」和「未達成目標者」之間的差異即可。或者也可將「已達成目標者」這句改為「較理想的」或「較有利的」。

不過，若是這樣解釋，大概免不了又有人會問：「那麼，你所謂的目標又是什麼？」對於這個問題，我所能提供的最佳解答就是：「我哪知道啊！」但我只會放在心裡當OS，然後有禮貌的回答你：「這就因人而異了。」

舉例來說，若是在醫學及公共衛生領域的研究，比的是「健康長壽的人」與「早夭的人」、「一直為病痛所苦的人」。而從事教育相關工作的人則可能會比較「表現出學習成就高的孩子」和「並非如此的孩子」。此外，也有心理學家比較了「有高度幸福感的人」和「並非如此的人」。

我自己以前還曾寫過以統計學方式分析日本職業足球聯賽的書，其中比較了「贏球」、「平手」或「輸球」的球賽，藉此找出比賽勝負與各種球員成績資料的關聯性高低。

從這些例子來看，商業人士該以什麼為目標，應該就不言而喻了吧。商業目標就是要「提高收益」。

它與獲利有任何直接相關嗎？

若再仔細思考一下通往所謂收益這個目標的路徑，便能篩選出如產品需求量是否成長？公司內部的生產力是否提升（是否能在不虛耗成本的情況下生產商品）？等顯而易見的因素。

而在實務上，舉凡人事、IT及行銷等工作，應該也都有一些個別目標與達成需求量和生產力有密切相關。

若個別目標並不一定與收益有直接的關聯性，那麼，有沒有達到目標就跟賺錢沒有太大關係了。就以人資來說，大家最關心的多半是員工滿意度與離職率等數據了，可是，滿意度高的員工有可能業績很差，或是服務年資高的員工其生產力相對於雇用他的成本是比較低的，正因為有這些可能性，所以改善個別目標也不見得對獲利有益。

不管是研究人員也好，職場上的從業人員也好，只要累積了資料，人們往往就會覺得「也許能從這裡發現什麼也說不定？」當然，透過適當的分析應該是能發現些什麼，但你所發現的不一定能帶來任何好處。當大學與研究機構高舉學術自由的旗幟，將研究經費花在對誰都無益的事情上時，某種程度這就叫做自私；不過，要是換到了商業領域，那可就不是靠自私兩字就能蒙混過去的。

因此，**在商業上應該分析的指標就是「直接利益」，或是與利益有明確的因果關係**。而這樣的因果關係若能經過統計分析證實，當然是再好不過了。

透過ＣＰＵ的溫度分析來有效降低成本

在工作領域裡有什麼是與利益直接相關的？這點各位一定比我還清楚。所謂公司，本來就是為了營利而建立的組織，所以，各位的工作範疇應該幾乎也都被設計為與營利有直接相關。若能以更寬廣的眼界靈活思考，或許就會意外發現自己的工作有值得分析並改善的價值。

我就曾經聽過一個案例，是依據伺服器裡的ＣＰＵ溫度及記憶體使用狀況的監控記錄，來比較「伺服器當機的情況」和「不當機的情況」，結果大幅削減了強化與管理系統的成本。

同樣地，也有依據工廠機械所產生的運作記錄來比較故障與正常的情況，進而成功降低成本的案例。還有人比較業績好與業績不好的業務員，然後加以活用其分析結果。

許多企業的各部門都累積了大量的數據及資料，就算要進行新的調查也無需再投入大量成本。重點已經不再是「也許能從這兒發現到一些什麼吧？」這類的空泛疑問，**而是在這些資料裡，可以嗅到任何與商業利益有關的蛛絲馬跡。**

若各位今後想要分析公司內的資料，並將其應用於經營管理方面，那麼，建議你先試著超越部門鴻溝，讓所有人都明白「公司目前擁有哪些資料」，然後再進一步整合這些資料。若能以「如何與商業利益相結合？」、「何者與獲利有最直接的關係」等觀點來思考，那麼，到底該比較些什麼、又該找出什麼樣的差異等問題，就會逐漸明朗了。

回頭想想，目前在各位所存取的硬碟中，應該都埋藏了價值數千萬甚至是數億日圓利益的線索呢。

「13」因果關係是個大問題

因果關係是有方向性的

如果你有持續閱讀本書到目前為止所介紹的「比較」與「包含P值計算的分析」，肯定就能很快找出有意義的數據偏差，若要再進一步妥善控制該偏差，應該就能找出有效提高收益的機會。

但在學會這樣的統計分析手法之後，還必須注意「因果關係的方向」。

例如，若依據圖表15所顯示的數據來分析「廣告效果」。從表面上可以解讀出，購買者對廣告的認知率是比較高的。

若是順著一般邏輯思考，便會解釋為——愈是看過該廣告的人，或是同樣

圖表 15 看到了所以購買？還是因為買了，所以才想起來有看過？

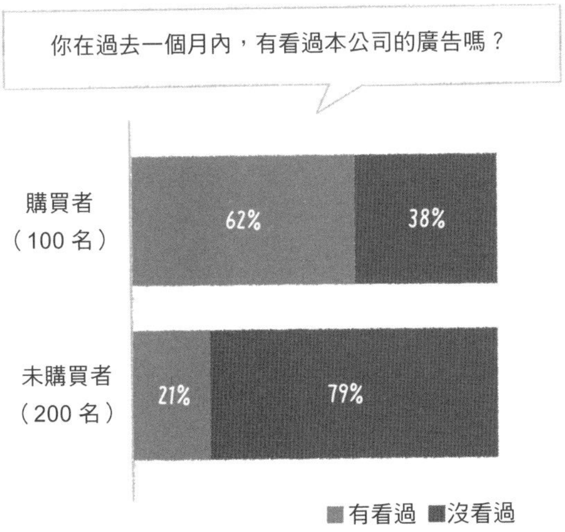

看過該廣告且事後還記得的人，購買商品的可能性就愈高。另外補充一點，此結果的p值，亦即「其實根本沒差距，卻因誤差而產生偏差結果的偶發機率」小於〇・一%。

然而，依據這樣的資料與統計分析結果，**也可以做出因果關係方向完全相反的解釋**。

也就是說，到底是「因為注意到該廣告，所以購買商品」，還是「因為買了商品，所以才注意到有這個廣告」？

就算p值再小，光靠這種單一

時間點的調查數據及其分析結果，是無法獲得任何足以判斷這兩種假設。到底何者正確？

電動玩具與青少年犯罪，真有實質的因果關係嗎？

這種問題往往也會出現在科學調查上。

例如，對家長進行問卷調查，藉此分析小孩習慣玩暴力性電玩與小孩有犯罪及輔導記錄之間的關聯性，結果發現，少年犯玩暴力性電玩的比例較高，但即使如此，我們仍無法確定管制暴力性電玩是否就能降低犯罪率。

原因在於，假設有一群小孩都玩同樣一種電玩遊戲，當其中某個孩子做壞事被警察抓到了，他的父母大概就會對該電玩做出「都是因為玩了這麼暴力的電玩遊戲…」這種評價。然而，沒出過什麼問題、平穩順利長大的孩子，他的父母對於同一款電玩遊戲大概只會覺得「就是男孩子喜歡的戰鬥遊戲罷了」。

對同款電玩遊戲神經兮兮，還做出「怎麼會有這麼暴力的遊戲！」這種評價的家長，子女的犯罪率或許還比較高也說不定。無論是遺傳因素還是環境因素，對同一種遊戲感到憤怒的家長，與沒有什麼太大反應的家長之間的差異，可能會影響孩子犯罪率這點，確實也該納入考量。

此外，撇開家長的感受與態度不談，即使已確定玩暴力性電玩時間較長的孩子，其日後的犯罪率會比較高，我們仍無法百分之百確定，若限制這一類電玩是否就能防止青少年犯罪。

畢竟，受到先天及後天因素影響的範圍太大，其中包括孩子本身的「暴力特質」，這種「暴力特質」愈高的孩子就愈喜歡暴力性電玩，也愈容易涉及犯罪活動。若是如此，從表面上來看，愈是容易在少年時期犯罪的孩子，玩暴力電玩的時間就越長，但就算管制這種電玩也無法抑制這類孩子的暴力傾向，因為會犯罪的還是會犯罪。

因為是「不公平」的比較，所以沒用

那麼，統計分析果然是沒用的玩意兒嗎？

NO！

無論是關於青少年犯罪與打電玩時間長短的數據，還是關於廣告認知與購買的數據，從既有資料中所找出、不太可能有誤差的就是富含寶貴線索的假設。而能夠快速且精確地將這些有背景的假設萃取出來，正是現今統計學存在的最大意義，這比起在冗長會議中爭辯不切實際的空談可是有用得多。

在此階段取得的假設本身是否能單獨產生價值，我們當然不會知道，不過，可以從這裡開始，進一步試著實際驗證這個假設的正確性。而進行什麼樣的驗證可確定假設有多精確，便是統計學的一大功用。

前面說過，只要透過適當的比較來找出有意義的差異，就能獲得密技。而之所以從同一時間點的資料，無法找出確定的因果關係，**其實是因為拿來比較的母體條件並不一致，也就是因為「不公平」造成的**。

例如，若想檢驗暴力性電玩與青少年犯罪的關聯性，那麼，比較「其他條件都完全一樣，只存在玩或不玩暴力性電玩這一項差異」的母體，才是理想的比較。

不過，只靠問卷調查是無法做到這樣的比較，所謂的「其他條件」往往就會有很大差異。在有玩和沒有玩暴力性電玩的母體之間，可能存在著包含家長性格及觀念等家庭環境的差異，就連孩子本身的心理傾向等也會有所不同。

兩種解決方案

對於這個問題，統計學上的解決方法大致可分為兩種。

一種方法是就家長的性格、家庭環境，以及其本人的心理傾向等…**所有你想得到的「相關條件」進行持續的追蹤調查，並運用統計學的方法，至少讓所有已測量到的條件都盡量一致**，藉此達成「公平的比較」。

另一種方法則是在**取得資料的時間點就達成「條件的公平及一致」，而不是到了分析時才做**。在教育學的領域中，常常會找來許多同卵雙胞胎，好在維持基因影響一致的狀態下進行實驗。而不這麼做也能以「公平條件」進行實驗的方法，則在下一章會介紹，也就是由費雪所提出的方法——甚至動搖了科學及哲學思想的歷史性大發現。

說到實驗，感覺就像是要把人當白老鼠來處理，或許會讓人產生負面印象，但不論是經營管理、醫療還是教育，這世上的各個領域都是在盡可能顧及人道主義的同時，努力找出統計學上「正確的作法」。

只要以適當的作法進行實驗，就能確保最大的比較公平性。像是在醫療界，新的治療方法和藥物若未經過這樣的實證實驗，就絕對無法獲得各國政府的許可。因此，我們可以說，如果想知道目前人類所能求得的真理，就必須經過統計學的合理實證。

PART 04

統計學的終極必殺技——隨機對照實驗

「14」奶茶是先倒牛奶還是先倒紅茶

正如第13章所述，只是將某一時間點的片段資料交叉列表出來，是無法確定「因果關係的方向」。

就像玩暴力性電玩遊戲的時間長短與犯罪率的例子，這兩者雖然在統計學上呈現出強烈的關聯性，但到底是前者為因、後者為果？還是後者為因、前者為果？又或是未測量到的第三種因素（例如家庭環境不良，或是本人本身就具有暴力傾向等）影響了兩者？這些光靠單純的交叉表列與p值都無法得知。

但這只代表了用片段資料、或僅針對資料做簡單的統計分析無法找出上述問題的答案。若能在資料取得這方面多下工夫，或是運用更進階的分析手法，就算稱不上是最完美的答案，還是能對「何者為因、何者為果？」以及「透過控制該『原因』的方式會對『結果』造成多大影響？」等疑問，提出相當程度的解答。

因此，接下來讓我們暫且聚焦於「在資料的取得方面多下工夫」這部分。具體而言，也就是將討論近幾年在網路相關領域被稱為「A／B測試」，以及多年來一直被統計學家稱為「隨機對照實驗」的方法，究竟有多麼厲害。

隨機對照實驗擴大了「科學的目標對象」

這裡之所以要介紹隨機對照實驗到底有多大能耐，最主要原因就在於「**對於人類可控制的任何東西，它都能分析其因果關係**」。

沒錯！就算被要求證明「超能力是否存在？」統計學家應該都會樂於幫忙。若要說統計學無法在科學上證實超能力，那麼，原因肯定只有一個，也就是——世上不存在具有實用水準的超能力。

圖表 16 現代統計學之父 — 羅納德．費雪

所謂算命先生及靈媒等以超自然工作為生的人，或是相信這類事物的人（在某些情況下會被詐騙），往往會提出「這世上一定有些現象，是現代科學無法充分解釋的」這種莫名其妙的言論。

沒有這回事兒！幾乎是由費雪一人獨力建構的隨機對照實驗方法學，**不僅動搖了科學的哲學觀，更爆炸性地擴大了科學所能處理的目標對象範圍**。儘管有道德及現實層面的限制，但我仍可以依此為據，大聲地說：「科學無法解釋的東西根本不存在。」

在費雪於一九三五年所寫的《實驗設計》（The Design of Experiments）這本全

世界首度將隨機對照實驗系統化的名著中，提到了一個對奶茶極為講究的故事。

那是發生在一九二〇年代末期的英國，一個夏日陽光燦爛的午後。當時有幾位英國紳士與淑女正在戶外的桌子旁享用紅茶。而其中一位女士表示，「先倒入紅茶的奶茶」和「先倒入牛奶的奶茶」味道完全不同，喝一口馬上就可以知道。即使是一名女子所提出如此無關痛癢的說法，也能以科學方法加以證實，這就是隨機對照實驗的厲害之處。

當時在場的紳士對於該女士的發言，幾乎都一笑置之。因為依據他們所學到的科學知識，紅茶與牛奶一旦混合，其化學性質沒什麼不同。

不過，在場有個身材矮小、戴著厚厚眼鏡、留著鬍子的男子卻覺得那位女士的說法很有意思，故提議「要不要測試一下呢？」而這位男子，正是現代統計學之父——羅納德·費雪。

他立刻拿了兩個茶杯，然後在該女士看不到的地方以兩種不同方式分別做出兩杯奶茶。接著，以隨機順序讓該女士試喝這兩杯奶茶，將她的答案寫下後，又做了一些機率的計算。而這就是世界上首次的隨機對照實驗。

為什麼非得隨機不可？

為什麼這就能驗證那位女士的說法呢？在回答這個問題之前，讓我們先想想看，若不使用隨機對照實驗又能確認該女士的說法，到底會遇上什麼困難？

就算這位女士喝了一杯「先倒入紅茶的奶茶」，而且答對了，也無法證實她的說法真的正確。因為即使是隨便亂答，答對或答錯的機率都各有五〇％，所以，若要說是碰巧一次就猜中也不奇怪。

那麼，若是讓她輪流試喝「先放紅茶」與「先放牛奶」的奶茶，結果她百發百中地全都答對了，情況又是如何？

這樣做比只試一次的「實驗」要好一點，但對於要證明隨時隨地都能一喝就知道還是不夠。因為只要有「反覆輪流」的規則存在（而且該女士也知道，或是有發現這個規則），在偶然答對第一杯時，她就會立刻知道第二杯的答案了。

當然，先讓她連續喝五杯「先放紅茶」的奶茶，接著再喝五杯「先放牛奶」的奶茶的作法也不妥當。因為同樣在偶然答對第一杯後，只要算「從第幾杯開始會換」就行了。更何況，後半段的「先放牛奶」的奶茶喝起來一定沒有前半段的「先放紅茶」的奶茶那麼燙，因此，光是靠奶茶的溫度就能判斷涼掉的是先放牛奶的版本，同樣可答對。

那麼，到底怎麼辦好呢？只要讓她隨機試喝兩種奶茶，並驗證其答對率就行了。這就是隨機對照實驗的基本概念。由於是隨機試喝，且奶茶是在試喝者看不到的地方製作的，因此，任誰都無法預測兩種奶茶的出現順序。

如何泡出一杯完美的紅茶

在《實驗設計》一書中，費雪還詳細說明了應該如何對受測女士解釋實驗方法、應要測試多少杯奶茶等細節，然後再計算假定的回答結果與「隨便回答但卻偶然答對的機率」。

當場包含費雪在內的科學家們也都參與了實驗，但都只是做了十次就將十次實驗中所發生的狀況記錄下來而已。甚至有人在十次之中只有一次答對的情況下，仍會採納那唯一的一次，表現出一臉彷彿實驗成功了的樣子。

在費雪面前的所有人，竟沒有任何人想過該用什麼樣的步驟來做實驗，於十次中又要成功多少次，才可視為在科學上獲得證實。而在費雪所想的「科學實證步驟」中最重要的概念，就是所謂「隨機化」的部分。

該書並未寫出那位女士的回答結果與實驗的最終結論。不過，據當時也在場的H・費爾菲爾德・史密斯（H. Fairfield Smith，曾任教於康乃狄克大學與賓州大學的統計學家）表示，那位女士真的都答對了每一杯端出來的奶茶。也就是說，假設她隨機試喝了五杯奶茶，偶然全部答對的機率為$1/2^5$，亦即$1/32$（約三・一%），若是試喝十杯全都答對，偶然猜對的機率就變成$1/1024$（約〇・一%）。

由這樣的機率看來，認為她能以某種方式判別奶茶應是比較合理的。

另外補充一點，關於這位女士為何能夠判別奶茶這個問題，答案就在英國皇家化學學會於二〇〇三年所發表的一篇幽默風趣的〈如何泡出一杯完美的紅茶〉新聞稿之中。

應該要先倒牛奶再倒紅茶。原因在於牛奶中的蛋白質會在攝氏七十五度時產生變化（變質）。若是將牛奶倒進熱茶中，由於牛乳會散開，在高溫紅茶的包圍之下便會產生變化。而若是將熱茶倒進冷牛奶裡，就不容易發生這種狀況。

真不愧是英國人，連一杯奶茶都這麼講究。不過，除了費雪以外的紳士們所認定的「不管哪個先倒，其化學性質都不變」的觀念，似乎是錯了呢。

看穿超自然現象與騙局的方法

不只奶茶，好好運用這個觀念就可以看穿大部分的騙局。

當有可疑的算命先生說：「雖然科學無法解釋，但我就是能看見你的運勢」時，為了驗證他的話，只要聚集足夠人數，然後將多張「獎金彩券」分別放進看不到裡面的信封裡，再將信封隨機分配給每個人。運勢強的人理應抽中獎金，而看得出運勢的話，其中獎率應該要高到讓人認為絕非偶然才對。

當然，若是提出這種要求，多數的算命先生一定都會用各式各樣的理由來推拖，不停端出「用這種方式算不出來」的原因。

我就常聽到「若有心存懷疑的人靠近，我便會受到干擾而無法正確預測」這類的說法，而如果這種說法是正確的，那又是另一個統計學的問題了。

因為不論算命先生是否真的具有神力，只要這些心存懷疑的人在附近，這位算命先生就百分之百沒有預測能力。

到底有沒有真的能鐵口直斷的算命先生存在？由於沒有數據，所以我本人也沒有證據能夠加以否定，但其實我常在想，要是真有那麼神準的算命先生，我真的很希望他能讓我驗證一下這種神力。我也曾聽過「算命是一種統計學」的講法，若此言不假，那麼，最新的統計學肯定能讓算命更精準才對。

會被明顯可疑的冒牌算命仙騙倒的商業人士或許不多，但除了算命仙以外，還有很多人會賣效果不明的商品。

像是能提高員工績效的培訓課程、可提升業務效率的ＩＴ系統、能增加營業額的廣告⋯等等，貴公司平日應該都會收到各式各樣的廣告郵件，或是有業務員上門來推銷。

不論有意或無意，其中有一些都是用了毫無意義的商品來詐騙你。當然，只要是在自己的能力範圍能夠分辨真假，所以憑直覺來決定是否接受這類推銷，或是「覺得有效」這種心理因素而花錢購買亦是無傷大雅。但今天如果是因為預算規模太大、風險太高，而必須盡可能降低錯誤發生率來說，隨機對照實驗便能發揮極大效用。

也可應用於培訓與廣告郵件的效果測定

就以培訓為例，把可以成為培訓目標對象的員工隨機分成兩組，讓其中一組接受該培訓課程，另一組則繼續做平常的工作，或是參加較不花錢的培訓及休閒活動。接著，以具體數值定義「員工的工作績效」（如銷售業績與績效考核等），再比較培訓後或是一年後的這些數值即可。

若該培訓課程真的有效，受過訓的那組績效平均應該會比未受訓的那組要高，而且高出的程度必須遠超過巧合。

若以廣告郵件為例，依據既有資料找出對廣告郵件有良好反應的顧客特徵，這樣的分析結果不過是種假設。但若實際隨機挑選一部分具備該特徵的顧客，然後寄廣告郵件給他們，並將這群人之後的平均消費額拿來和未寄送廣告郵件的群組相比，便能證實該假設的正確性。與其冒險地立刻大舉寄送廣告郵件，先完成這項實證後再寄也不遲。

光靠這類簡單的驗證，幾乎就能消弭業務營運上絕大部分的錯誤。而這正是A／B測試（即使沒考慮到誤差的不完整測試）近年來深獲網路相關企業重視的理由。

若你今後將要做不許失敗的重要判斷，那麼，建議你可考慮看看是否能先以某種形式進行適合的隨機對照實驗。

15 隨機對照實驗是商場競爭的神器

科學來自「觀察」與「實驗」

統計學之所以能成為「最強的商業武器」，是因為其高度的通用性質使然。也就是說，不論是政治、教育、經營管理還是體育運動方面，運用統計學都能最快地找出最佳解。而統計學的通用性，主要受惠於第14章所介紹的、不論什麼事情的因果關係都能以科學方法加以檢驗的「隨機對照實驗」。

如果再誇張一點，要說由費雪所建立的隨機對照實驗方法，改變了科學本身的範疇也一點都不為過。

若要仔細解釋科學到底是什麼，本書就會變成解釋科學哲學的書籍而非統計學了。關於科學哲學的細節說明就讓其他專業書籍來為你服務，在此，我僅介紹由昂利．龐加萊（Jules Henri Poincaré）所提出的科學方法學的重要特性——來自觀察與實驗。所謂「觀察」是仔細地觀看、測量目標對象，然後從中找出事實真相的行為。而「實驗」則是改變了各種條件後，再觀看、測量目標對象，並從中找出事實真相的行為。

觀察也好，實驗也好，毫無疑問地，**統計學在這裡都能大大發揮作用，但隨機對照實驗這樣的架構更進一步定義了「什麼是實驗？」**

在費雪之前當然也有過很棒的實驗。例如在醫學領域，威廉．哈維（William Harvey）於一六二八年透過綁住動物身上各處血管的實驗，證實了血液是從心臟開始循環於全身。在他完成這項實驗之前，大家認為血液是由肝臟製造，然後被人體各個器官加以消耗掉的。

不只哈維，在化學及物理等領域，也都有大量經由很棒的實驗構想而證實的定律及觀念。但若是沒有費雪的隨機對照實驗，人類便無法以科學方法來處理「有誤差的狀況」。

有「誤差」的科學

綁住血管，流往該血管後面的血流量就會減少，這現象可說是連小學生都懂的基本道理，而其中沒有所謂的誤差。牛頓不見得是真的看見蘋果落下才想出萬有引力定律，不過，若將蘋果從高處放手讓它落下，蘋果就會以加速度掉到地上這件事，也是百分之百不會出現例外狀況的。

生物領域也同樣可以進行觀察。到國中為止的生物課，學的幾乎都是觀察各式各樣的生物、了解其特徵，並加以分類等博物學[1]的內容。在生物學上最具革命性的觀念應是由達爾文（Charles Robert Darwin）所提出的進化論，但他所採取的研究方法仍不超出這種博物學的生物學範圍。

在了解這種科學方法學的特性後，若要以科學方法處理「如何提高小麥產量」這類的主題，該怎麼做呢？

1 所謂博物學，係指有系統地研究動、植、礦物等自然物質的科學。

就算不靠生物學家，全球各地種小麥的農夫對於小麥的特性與種類，應該都已有充分的了解。而且依照到目前為止的經驗，他們也很清楚「排水不良，小麥就會長不大」或「冬季晴天多就會豐收」等道理。此外，肯定也已具備相關經驗與直覺，知道要提高產量，就該在何時、給予哪種肥料等。

然而在費雪之前，這樣的知識不算是科學。因為這和蘋果以加速度掉落的現象不同，它不是每次都是一成不變的。即便將有仔細施肥的那一年和沒有好好施肥的那一年相比較，後者也可能因氣候剛好特別理想而更加豐收。此外，就算比較同一年度、同樣都有施肥的小麥田，也會有生長的好與不好的個別差異出現。能以「用實驗確認事實真象」來處理這類知識，在費雪之前的時代是難以想像的。

對付「誤差」的三種方法

要以科學的方式，來處理無法百分之百沒有例外的現象時，一般認為有三種方法。

一種是完全不用實際資料，**只依據假設或案例來建構理論模型**。以往還未融入統計學的經濟學與社會學，都是採用這種方法。

第二種則是為了呈現出「百分之百無例外」的狀況，**所以只將符合無例外的案例做為結果**的作法。

例如，孟德爾（Gregor Mendel）以豌豆來調查遺傳規則的實驗報告（回想一下，教科書上也曾出現過），在早期的報告中，他曾表示會「各提出十個結果案例」，但最後卻只展示了與他所主張的遺傳規則完全一致的豌豆資料。當然，孟德爾除了這一次以外，還做了其他多次實驗，也有提出多於「結果案例」的其他資料。後來，費雪在統一檢驗他的報告後，得到了「誤差明顯比實際要少很多」的結論。也就是說，雖然孟德爾自己或他的助手只選了符合其理論的

「漂亮結果」來做報告。但這並不代表他所提出的遺傳規則有錯。

最後第三種方法就是費雪所提出的，**利用「隨機化」來呈現因果關係機率**的作法。

先前之所以提到小麥的例子，就是因為那是除了奶茶以外，最早應用了隨機對照實驗的案例。擁有天才頭腦但卻偏執又不擅交際的費雪，對大學裡的權力鬥爭感到厭倦，在三十歲到四十歲歲前的這段時間，他都在英國鄉下的羅森斯得農業試驗所（Rothamsted Agricultural Experimental Station）過著當統計學家的生活。

在那幾年面臨人生低潮的日子裡，他一個人就找出了好幾個震撼歷史的大發現，人生還真是難以預料啊！要發掘如費雪這樣的天才，需要的不是提供豪華辦公室、也不是響亮頭銜或豐厚的研究經費，只要有可自由運用的時間與資料或許就足夠了。

誕生於農場的「實驗設計法」

如果想以科學方式分析肥料Ａ、肥料Ｂ與小麥收穫量的關聯性，也需要同時考慮到排水狀況、土地肥沃度，以及日照等其他因素的影響。但若能將農地分割成多個小單位，再隨機分別施肥。如此一來，灑了肥料Ａ的土地和灑了肥料Ｂ的土地，其平均條件就幾乎一致了。

隨機化與隨機抽樣這兩種術語相當容易混淆，必須要能夠清楚區分才行。不過，可透過隨機來控制結果的誤差這點，確實是兩者的共同特徵。假設將整片農地分割成四十塊，然後隨機各為二十個區塊分別施予肥料Ａ與肥料Ｂ，那麼，其中一方都剛好擁有日照良好區塊的機率有多高？

若已確定各區塊為日照良好、不良的機率各為一半，則隨機選出並施予肥料Ａ的區塊全都為日照良好區的機率就是二分之一的二十次方，亦即只會有相當於一百萬分之一的奇蹟發生率。而兩個群組的日照良好區塊數正好一致的機率則有十三％（另外，若將日照良好區塊數僅相差±1的情況視為「幾乎相同」，則機率增為三十六％，要是能容許±2的差距，其機率更高達五十七％）。這個道理同樣適用於排水及土地肥沃度等因素。

只要隨機化，就能讓參與比較的兩個群組之各項條件，達到近乎一致的狀態。於是乎，最後剩下的不一致條件，便只有該實驗要控制的肥料而已，若在此狀態下，兩個群組的收穫量產生了「不太可能是誤差的差距」，便幾乎可以證實「因肥料而造成收穫量有差異」的因果關係。

費雪整理他在羅森斯得農業試驗所的研究成果而寫成的《實驗設計》一書，後來成為各領域研究人員在進行研究時不可或缺的重要書籍，有段時間，甚至成了全世界科學論文中最常被引用的著作。

若連小麥生長都會因為其條件不完全一致而無法以科學方式處理，那就更別說人類的社會了，這些在費雪之前的科學觀中，肯定都是被排除在外的。但透過費雪所建立的實驗設計法，不論是心理學、教育學或政策研究，甚至是與你的工作直接相關的經營管理等，這些以複雜且充滿誤差的人性為對象的科學，便得以在二十世紀大放異彩。

有道德限制也好、有預算考量也罷，只要是允許進行實驗的情況下，與其提倡一堆理論，還不如就把實驗參與者隨機分組、設定好差異狀況，然後以統計學的方式來分析其差距，我認為沒有什麼研究方法能比這更有效的了。

而且，正如我已提過的，這樣所得到的實證結果，有可能成為商場上的強大武器。

「只要讓其他條件（如日照及排水等）隨機化，便能讓兩個要比較的群組條件達到相同的狀態」，若將此原理套用在你的工作上，就代表了即使顧客及員工的年齡、性別、心理特質等條件都可能造成結果偏差，「只要以一定的數量做到隨機化，便不成問題」，這真是很令人慶幸的結果。

若能夠進行適當的隨機對照實驗，得出的實證結果就具備科學上的正確性。如果你透過隨機對照實驗取得了具創新性的工作構想，只要將該研究成果妥善整理成論文，就具有刊登於學術期刊的水準了。

我認為所謂的科學，並不是穿著白袍操作、處理奇怪的機器和藥品，而是「大膽假設、小心求證」的態度。

16「買兩台就打九折」的銷售策略，真能提高營業額？

以「進攻」為目標的統計學

了解以避免錯誤為目標的「防守性」隨機對照實驗後，接著再來看看，若從「進攻」的觀點來看，隨機對照實驗一樣具有極大的意義。

隨機對照實驗能以較低的成本與風險來排除犯錯的可能性。不知各位能否理解，倒過來想就等於是說，**由於成本與風險較低，所以「反而可以犯錯」**。

或者亦可解讀為「反而能嘗試較笨的想法」。例如，假設你在一間販賣裁縫及編織等相關商品的公司工作，而你的部屬或較資淺的同事向你提出「縫紉機買兩台就打九折」的促銷活動，這時你會怎麼做？

縫紉機這種東西通常是一個家庭一台就夠了。就算一個大家庭裡有兩位以上的女性都愛好裁縫，應該也不至於會搶著用一台縫紉機才對。一般有常識的成年人大概都會覺得「這人在說什麼蠢話」而一笑置之吧。

不過，這並不是我特地為了表達所謂「笨點子」而構思的例子。我要說的其實是——這種「笨點子」真的替一家美國企業創造了每位顧客的消費額增加至三倍以上的成功促銷活動。

有夠笨的「錯誤」判定

喬安織品公司（Jo-Ann Fabric）原本只是一家專賣布料的公司，不過，就此類型的企業來說，他們很早就進入了網路購物市場，所以現在已發展成販售裁縫及編織、蛋糕裝飾等家庭休閒相關商品的大型綜合企業。該公司充分利用每個月一百萬次以上的不重覆到訪人數，積極地進行A／B測試。每次推出促銷活動時，總會隨機化地嘗試多個提案，這種「總之先試試，若行不通的話就別做了」的想法，可是比用會議毫無根據的討論要合理的多。只要是「食之無味、棄之可惜」這種等級的點子，將它納入做為企劃案需要隨機化時的對照組，應該也不會有什麼損失。

不過，卻因此獲得了極大的成功，那就是我剛剛提到的「縫紉機買兩台就打九折」的促銷活動。

實際產生的結果雖然簡單，但卻是我們從來沒想過的。當然，注意到這項活動的顧客本來並沒有想要買兩台縫紉機。可是為了以九折購買到自己想要的縫紉機，便特地找來鄰居或朋友一起購買。

也就是說，喬安織品公司因此意外地雇用到了一群不需酬佣的銷售人員。結果如前述，看得到這個活動廣告的顧客，每人的平均消費額要比沒看到廣告的群組高出三倍以上。這兩個群組當然都是隨機化的，除了廣告的顯示與否之外，其他條件都可視為均等。因此，幾乎可以肯定「顯示的活動廣告」就是造成這三倍以上營業額差距的主因。

若貴公司因為過度害怕失敗，而習慣找一些貌似冠冕堂皇的理由來否定新提案，那真的會非常可惜。避免無謂的風險或成本固然重要，但這就如同在沒有統計數據支撐的情況下，便判定某事絕對正確一樣。**在沒有統計數據支撐的情況下就判定某事絕對錯誤，也同樣是笨到底的行為**。

近年來，只要具備正確的統計觀念，在商業上進行隨機對照實驗的成本已不算高了。例如，在「一堆廣告傳單設計稿中哪種最好」等這類怎麼討論都不會有正確答案的議題，總是經常遇到。與其用永遠開不完的會來討論，還不如進行小規模的隨機對照實驗，更有機會以更快速、更省錢的方法找出可靠答案。

為公司賺進一・五億美元的客訴處理

隨機對照實驗並非只在行銷領域才能得以發揮。像是顧客應對、公司內的人事管理等，舉凡在全公司沒有一致的標準答案而必須留待負責人自行判斷的問題，若能定期以隨機化的方式來檢驗，長期下來，肯定能獲得極大好處。

例如，美國大陸航空就曾針對因飛機延誤或重複訂位，而必須取消顧客機位的善後處理方式，進行了隨機對照實驗。

他們將碰到這類麻煩的顧客隨機分成三組。而針對各組顧客所進行的善後處理方式分別為：①只寄送正式的道歉函。②除道歉函外，再提供免費的尊榮會員俱樂部試用期。以及做為對照組的③什麼都不做。

調查結果發現，連道歉函都沒收到的人，經過數個月後還是很生氣。至於有收到道歉函的另外兩組，於隔年度花在美國大陸航空的金額還增加了八%。也就是說，顧客似乎覺得「雖然發生了不愉快的事，但服務態度還不錯」，反而對美國大陸航空產生了好感。另外，在額外獲得了免費的尊榮會員俱樂部試用期的顧客中，還有三成左右於免費期間結束後，仍選擇自掏腰包繳納會員費，讓美國大陸航空又多增加了一筆收益。

自此之後，只要一發生這類麻煩事，該公司便會積極寄送道歉函與尊榮會員俱樂部的入會說明給顧客。結果成功地為公司增加一・五億美元以上的收益。

面對公司內部各種「沒有正確答案的決策」，**只要下定決心將之隨機化並持續收集資料**，之後就能夠有所依據地判斷出「哪個作法較好」、「能帶來多大利益」等結論，且至少是能夠更接近「正確的」決定。

隨機其實不容易

所謂的隨機，有時也被解釋為「隨便」或「隨意」等，但其實意義不盡相同。隨機帶有「無意識」的意思，簡言之，就是不要加入特定意圖，或者亦可說是「具不確定性的」。

在此必須注意的是，**要人們「無意識地」或「隨便地」提出的數字，往往一點都不隨機**。

例如，考題的出題人員在決定單選題的正確答案時，應該是「隨便」決定的，但不知為何，C為正確答案的機率總是比A為正確答案的機率要高出許多，而且程度遠超出巧合。

另外，將A與B這兩個字母隨機排列三個時，「AAA」或「BBB」這樣連續排列同一字母的組合占了八種組合中的兩種（二十五％，如圖表17）。但是當你要求某人將字母A和B「隨便排列出三個」時，人們往往會因「連續排三個相同字母似乎不太自然？」等這類理由奇怪的顧慮而避開這種組合。

若要隨機化，就必須排除這種「顧慮」，不只是隨便而已，而是要更進一步追求絕對的隨機性才行。不過，幸好現在只要在Excel裡輸入「=rand()」，就能輕鬆獲得隨機數值了。

在職場上，很可能也存在對這種隨機化有著「隨隨便便、不負責任」觀感的老人。但時至今日，就連美國政府都已認可並採用此種隨機化的力量了。

要求在正式實施政策前先做隨機化測試的各州法律已多達數千項，從公立學校的入學到法官的裁判權等諸多行政程序也都包含在隨機化的應用範圍內，隨時持續進行著各種實證評估。甚至在資金的募集與呼籲投票方面，由丹·斯洛克引進的大量A／B測試，也可算是美國總統歐巴馬能在總統大選中，二度

圖表 17 將字母 A 與 B 連續排列三個的話…

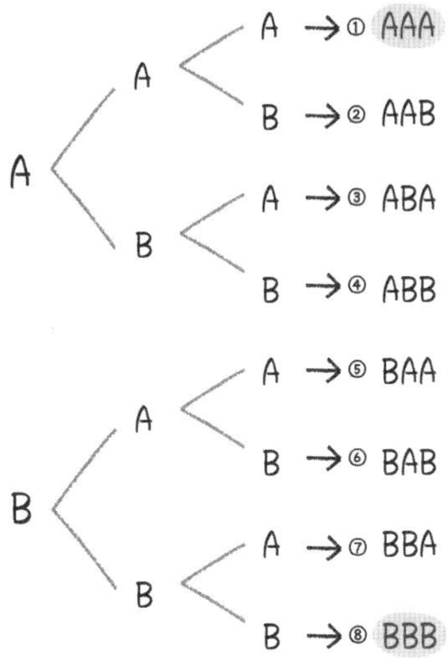

獲勝的原因之一。

俗話說：「腦殘無藥醫。」而我認為，人們對於想破頭都找不出正確答案的事情，總以為招一群人一起坐下來討論就會有答案，難道不是傲慢自大到了腦殘的地步嗎？

我們所能做的，是透過隨機的方式交給老天爺決定，然後再利用統計分析，來傾聽老天爺的旨意。

「17」隨機的三項限制——現實、情感、道德

閱讀至此，我想各位應該已能理解隨機化的強大威力了。本書將統計學定位為「能夠以最快速度找出最佳答案的工具」，而隨機化可說是其中最有力的武器。

但可惜的是，這個武器並不是什麼時候都能使用。

這世界上存在有三種隨機化障礙，包括——①做不到隨機化這個動作。②隨機化的動作不被允許。③執行上本應沒有任何問題，但會明顯帶來很大損失。第①個障礙可稱為「現實」，第②個可稱為「道德」，而第③個則叫做「情感」。以下將一一說明這些障礙。

「現實」造成的限制

在隨機化上的所謂「現實」障礙，其實就是指「樣本的絕對數量限制」與「條件控制的不可能性」。

假設要發射太空梭到月球時，到底該送三個人上去還是四個人？在美國太空總署內部有了爭執。當然，隨機對照實驗對這種議題同樣能夠產生判別能力。只要將今後前往月球的一百次飛行任務分成兩半，一半只派三人去，另一半派四人去，然後比較之後所獲得的結果，看看「是否會出現不太可能是巧合的差異」就行啦。

要是有哪位統計學家真的這樣回答你，請直接請他回家不必客氣。至少在太空相關技術有戲劇性的創新產生之前，這種答案肯定只有笨蛋才說得出來。或許盡可能反覆進行多次條件相似的訓練與局部測試，也可發揮隨機化的威力，但無論如何，就是沒有預算可以讓他們飛往月球一百次。

不只限於飛往月球這種事，**在面對「只有唯一一次」，或者只能有少數幾**

次機會的事情，別說是隨機化了，連統計學都派不上用場。

再舉些例子，某家大型集團是否應進行大規模的企業併購，或者某人是否該和現在交往的對象結婚等一生一次的決定，都是無法隨機化的。

順便說個題外話。有位我所認識的統計學家，他這輩子只和一個女人交往過，然後就這樣順利地結了婚。對於他的戀愛過程，我們會用「無法以統計學做分析」這種說法來表達敬意。既然只有一份資料，就沒有所謂的誤差，也沒有什麼標準偏差可言，這個值本身就是平均值、最大值，也同時是最小值。能像這樣讓統計學無從發揮，其實也是件好事呢。

而另一種「現實」障礙則是指，雖然想要隨機化，但卻無法控制條件。例如，若想驗證「經歷過大地震的員工，在精神上會變得比較堅強」這種假設，則只要人類還不具備能控制地震的技術，就無法做任何隨機化的試驗。

若再深入探討，如果是只在東京有辦公室且都沒有員工會出差的公司提出這項假設，那麼，就算已開發出能控制大地震的技術，仍然無法控制條件。因為一旦發生大地震，全公司都免不了陷入災難中，又如何隨機呢？

「道德」造成的限制

再以大地震的實驗來說，第二個「道德」障礙亦會成為一大問題。也就是說，只因為對員工精神力量的堅強與否有興趣，就故意把人家的房子震壞、讓人受重傷，這種事情應該沒人能夠忍受。或者即使提出「此實驗若能順利進行，便能讓今後因地震而死亡的人數減少」這種假設，但為了未來還不確定的「可能獲救之人」，而故意去製造現在確實會形成的傷亡，完全沒有道理。

如果是以「正義」這個論點而聞名的桑德爾（Michael Sandel）教授，或許還會繼續深入探討這議題，不過，那樣就離題太遠了，在此我只會介紹一般統計學家共通的道德準則。

①因隨機化而造成由人為引發的單一或所有明顯有害（或者有害的可能性很高）的措施時，就不可執行。

②就算並非全部有害，若事先就知道會產生「極好」與「不太好」這種結果的不公平現象時，就不可執行。

①就等於「不可以做壞事」這種小學生也懂的簡單道理。明知不好的實驗就和納粹的人體實驗一樣，無條件出局。

例如，對於香菸是否會引發肺癌及心臟病的問題，歷史上並未進行任何公開的隨機對照實驗，而且只要是沒發生什麼顛覆道德常識的離譜狀況，今後想必也絕不會進行這種隨機對照實驗。

因為，即使到目前為止都沒做任何隨機化試驗，但將不論從各種狀況下收集到的各種數據並加以分析，都能得到「吸菸與肺癌及心臟病有關」的結果。若是特地進行在道德上不被允許的隨機對照實驗，而證實了吸菸對健康的危害，那麼，對於應受的道德審判，這些科學家想必是躲也躲不掉的。

②的狀況並沒有①那麼嚴重，例如，在無特殊理由的情況下，只隨機讓半數的國民減稅，或是只隨機提供一半的癌症患者已證實有效的治療藥劑等。但

反過來看，這種作法其實和「對剩下的另一半人做了不好的事」沒什麼不同。這種傾向在要求高度公平的行政措施上尤其明顯。

不過，即使乍看之下「有利於某一群組」，若是因統計學上的證據不足而處於「實際上不確定對哪一方有利」的情況，那麼，隨機對照實驗仍有可能被正當化。

曾在美國實際進行的一些隨機化實證試驗，便包括了以下幾種——

- 只對部分的貧困家庭分發租金補助券
- 只教導部分失業者找工作的方法與接受面試的技巧
- 只對部分低收入者保障基本收入（在所得低於特定水準時，給予不足的差額）

這些例子的共通特性就是，乍看之下對低所得及失業者提供支援似乎是好事，但實際上卻可能「有害無益」。正因為出現了這樣的結論，所以才降低了實驗時的道德標準。

結果發現，原本是為了幫助孩子脫離貧困家庭環境的泥淖，而提供租金補助，但孩子的學業及犯罪率並未有所改善，甚至還在男孩的身上產生負面效果。

若以到當時為止的研究成果及討論為基礎，對於只要是符合「乍看之下對這一方有利，但實際上並不確定」情況的提案，就願意降低道德標準，並提供大量預算給具有社會意義的隨機對照實驗。像美國的這種作法，便是很值得我們仿效的優點之一。

「情感」造成的限制

即使經過了科學及道德上的討論，讓實際上不確定對哪一方有利的隨機化試驗得以正當化，仍舊無法阻止參與實驗者產生了**「像這樣讓運氣左右自己命運的感覺，實在很差」這種想法**。而這正是最後一項，所謂「情感」的障礙。

例如，前述對貧困家庭提供租金補助一事，雖然透過隨機對照實驗證實了「反而對整體有害」的結果，但顯而易見的，一定會有人因此在情緒上產生反感，發出「我們家不見得會這樣，少囉嗦快給我補助券」或是「竟然只提供給部分家庭，真是太可惡了」這類不平之鳴。

不論是社會保險制度也好、醫療也好、教育也好，長遠來看，肯定都能透過隨機對照實驗而實現理想社會，但若在受益者或相關人士中存在著「被隨便決定的感覺很差」、「自己有可能碰巧被分到不利的那一方，所以不願接受」等這類情緒上的強烈反抗，那就該視為道德上應考量的問題了。

若是在商業上進行隨機對照實驗，雖然不如科學家及政府官員那麼容易遭受道德的批評，但對於這種情感層面的反應則要更加注意，否則可能會被顧客、合作夥伴或主管等人給狠狠地教訓一番。

例如，Amazon.com 過去曾針對訂價方式「偶然」進行了隨機對照實驗，而該實驗第一次被顧客發現時，引起了軒然大波。因為有顧客某次用朋友的電腦查看自己之前一直想買的 DVD 時，赫然發現竟便宜了五美元，這種現象漸漸在顧客之間傳開。這些人覺得 Amazon 可能常常以卑鄙的手法一點一滴地多賺顧客的錢，於是開始躁動抗議。

結果是由CEO直接發表聲明，表示「進行關於價格的隨機對照實驗確實是我們的錯」，並保證「今後若再進行這種與訂價有關的試驗，最後的帳單金額一律採取所顯示的價格中的最低金額」，才勉強得以收拾殘局。

請務必記住，不僅限於隨機化而已，只要是在商業上運用統計學，終究都免不了要面對這樣的問題。

即使是第16章所介紹的航空公司案例，若被顧客知道「只是因為恰巧被選中，所以才會收到道歉函」，反之，被發現「只是因為恰巧被選中，所以他們才決定忽視我、不寄給我道歉函」，則顧客原本對該品牌的忠誠度，也可能就此煙消雲散。

「造成顧客的不信任感」對業績可能帶來多大的負面影響，因為受限於「現實的障礙」與「道德的障礙」，而難以用隨機化方式加以驗證。畢竟，要叫人不去在意還真是不太可能。

PART 05

好吧，無法做隨機對照實驗，又該怎麼辦？

「18」流行病學的進步，證明了抽菸的風險

閱讀至此，我想各位應該已經了解隨機對照實驗的強大威力，以及在何種原因之下會無法使用。

只要能進行適切的隨機對照實驗，就能以科學方法驗證或利用這世界上的所有因果關係。不過，對於無法透過隨機化來控制的情況，比如，道德上不被允許，以及即使理論上不違反道德卻會造成相關人士反彈的情況，就不應該運用以隨機化為基礎的統計分析。

不過，當然不是無法隨機化，統計學就毫無用處。在第15章我曾提過「科學來自觀察與實驗」，因此，不只有以隨機化為基礎來控制條件的實驗，在不進行任何干預的單純調查與觀察工作中，統計學也同樣能夠發揮強大威力。

請看看香菸盒吧

先前曾介紹過吸菸與癌症間之因果關係的例子，而這個例子正是在道德上不允許進行隨機對照實驗的情況。其理由在於，由於已有各種證據顯示，吸菸會產生罹癌的風險，因此，以人為方式蓄意對實驗參與者做「明知不好的事」，這在道德上顯然是不被允許的。

當然，大家並不是一開始就知道吸菸會導致癌症上身。

早在十八世紀，人們便已經發現在煤灰中工作的煙囪清潔工，很容易得到皮膚癌（雖然當時不稱為皮膚癌），而在一九一五年時，山極勝三郎與市川厚一這兩位日本人更提出了在兔子的耳朵上塗煤焦油會引發癌症的報告。這時候，只要是對癌症研究有興趣的醫學研究人員，應該就能發揮聯想力：「那麼，同樣含有焦油成分的香菸應該也會致癌吧？」

最早嘗試提出資料來證明這個想法的人，是英國的理查．多爾（Richard Doll）與奧斯汀．布萊德福．希爾（Austin Bradford Hill）。如果你手邊有香菸盒，應該就能立刻在盒子上找到「依據流行病學的推測，吸菸者因肺癌死亡的機率為不吸菸者的二到四倍」這類的警語。而這項「流行病學的推測」，最早就是由他們開始進行的。

第2章所介紹由斯諾開始著手進行的流行病學，在他死後仍繼續在英國有穩定的進展。**多爾與希爾則依據於斯諾之後更為進步的流行病學方法，嘗試對吸菸和肺癌之間的關聯性進行統計分析。**

「病例對照研究法」的出現

他們在一九四八年至一九五一年間，找出全英國各醫院中因肺癌而入院的病患共一四六五名，然後調查這些人的性別、年齡、社會階層與居住地區，以及是否曾有吸菸習慣等。同時也找了除吸菸習慣以外，性別、年齡、社會階層與居住地區條件都一致的，同數量非肺癌病患來調查。

圖表 18 肺癌與吸菸的關聯性

		總人數	吸菸者	不吸菸者
男性	肺癌病患	1357	1350	7
			99.5%	0.5%
	非肺癌病患	1357	1296	61
			95.5%	4.5%
女性	肺癌病患	108	68	40
			63.0%	37.0%
	非肺癌病患	108	49	59
			45.4%	54.6%

另外，像是否得過肺炎、住家的暖氣設備種類等，除了吸菸以外、有可能導致肺癌的其他風險因素也都加以調查，結果發現，呈現出最大關聯性的就是吸菸行為。而其研究成果就如圖表18所示。

那時的吸菸率較高，在一三五七名的男性肺癌病患中，不吸菸的只有七人（〇．五%），而非肺癌病患中不吸菸的則有六十一人（四．五%），相當於前者的九倍之多。而在女性的肺癌病患中，不吸菸的占一〇八人中的四〇人（三七%），非肺癌病患的不吸菸者則占了一〇八人中的五十九人（五四．六%），同樣也是後者比例較高。

若針對此調查結果進行卡方檢定，可算得男性部分的p值不到〇・一％，女性部分的p值也同樣不到〇・一％。這表示不論男女，肺癌病患的吸菸率較高的現象都不太可能是因為誤差而造成的。而該論文並不只有單純比較吸菸與不吸菸，同時也納入了一天內的吸菸量數據，因此，所得出的p值甚至更小。

無庸置疑的，不同性別、年齡的人，其吸菸率及罹癌風險也會不同，更何況當時的王公貴族等富裕階層與勞工階級在生活與健康狀況上的差距，可是比現代要大上許多。**這就是為什麼這種「病例對照研究法」的資料取得方式**，如此重要的原因了。

流行病學中所謂的病例，就是指罹患了特定疾病的例子（病患）。而「對照」便是對應比較之意（附帶補充一下，「對照」算是流行病學的專業術語之一）。

欲進行對應比較時，就必須選擇「除了是否得了該特定疾病及其風險因素，其他條件都很類似的人」。「很類似」的定義會因研究種類不同而各異，不過基本上，除了特定風險因素以外，其他所有你想得到的條件最好都要能夠一致。因此，多爾與希爾只要找來除了吸菸這一風險因素外，其餘可能與肺癌有關之性別、年齡、社會階層與居住地區等條件都與目標患者相同的人，然後比較不同性別、年齡的群組（其專業術語叫做「分層分析」），就能在不隨機化的情況下達到「公平的比較」。

來自天才費雪的反對意見

然而，其實費雪在晚年（多爾與希爾的研究成果發表時，費雪時年六十二歲，而他於十年後死於癌症）曾特地撰寫論文來強烈反對這樣的流行病學觀念。由於他本身是個視菸如命的老菸槍，所以與流行病學及統計學有關的人有時還會開玩笑地說：「就連費雪這種天才，還是會想反對這類詆毀自己嗜好的研究呢！」但這不見得只是頑固老人在發發牢騷而已。

費雪所指出的問題之一，也正是此種調查方法的一大限制，那就是**只要沒有進行隨機對照實驗，再怎麼「於可視為相同的群組內做分層分析」，嚴格來**

說，都不算是在類似群體間的比較。

只要做到隨機，則不論是什麼樣的條件，都能在要比較的兩個群組間達成平均一致的狀態。而所謂「不論是什麼樣的條件」，就是指無論要測定的是否為該條件，都不會造成影響。

也就是說，就算有什麼我們完全想像不到的因素影響了結果，只要有做到隨機化，其條件仍能達成「平均一致」。

但病例對照研究法又是如何呢？病例對照研究法所能達成的「一致」，只是人為上的條件「一致」而已。就以多爾與希爾的研究來說，性別、年齡、社會階層與居住地區或許是「一致」的，然而，若有其他可能影響結果的因素存在，就會變得無法保證肺癌病患和其對照組之間的條件是否確實一致了。

假設同樣都選擇「勞工階級」，結果恰巧因為肺癌病患群組裡包含了許多煙囪清潔工，而煙囪清潔工又是全英國人口當中吸菸率特別高的族群，那麼，在這種狀況下所得出的結果有沒有問題呢？

這樣一來，即使p值再怎麼低，仍免不了會被挑剔可能是由於某些其他因素才造成結果偏頗的。

當然，對病例對照研究法的批評還不只這些而已。有人挑剔多爾與希爾所收集的資料僅限於英國人，這樣的群體太過偏頗；更有人懷疑，也許吸菸不見得會對每一個人都造成危害。

依據世界各地數據的再抗辯

後來，讓這些批評聲浪得以緩和下來的，是在佛明罕研究初期扮演了核心角色的統計學家——科恩菲爾德等人於一九五九年所提出的論文。科恩菲爾德等人引用了到當時為止，已發表於全球各地所有吸菸及癌症的相關研究，得出了吸菸確實有罹癌風險的結論。

所謂全球各地的所有研究，就是指除了英國以外，也包括在美國、加拿大、法國以及日本等地進行的病例對照研究。而各國都顯示出同樣的結果。

另外補充一點，該論文引用的日本流行病學研究，是由東北大學公共衛生學講座的創始教授，也是親子健康手冊的發明人——瀨木三雄等人於一九五七年所提出的論文。即使是不同文化、不同民族性、不同社會結構的群體，都呈現出有沒有吸菸與肺癌之間有著極大關聯性。至少在當時的日本，煙囪清潔工這種職業並不像在英國那樣普及。

不過確實，像病例對照研究這樣先有了罹患肺癌的「結果」後，才回頭調查過去的作法，有可能產生群組間在記憶及回答上的差異。但科恩菲爾德的論文也引用了佛明罕型態的流行病學研究（稱為「世代研究」或「隊列研究」，英文為 Cohort study），也就是在結果出現之前便持續調查各個群組。

多爾與希爾在後來的另外一項研究中，對五萬名內科醫師的生活習慣與癌症的發生進行了持續五年的調查。結果發現，以新的肺癌發病人數來說，吸菸者的比例明顯較高。在美國則是針對近二十萬名老年人進行世代研究，也同樣得到了吸菸者的新肺癌發病人數較多的結論。

至少，採用「結果」出現之前便開始收集的吸菸資料，肺癌病患的吸菸率明顯較高這種「因果關係顛倒」的問題，就不太可能發生了。

對於「並不完全一致的條件」，底線在哪裡？

沒錯，這些流行病學研究由於都未隨機化，即使再怎麼努力讓各種條件一致，也無法徹底排除「存在著條件不完全一致的可能性」。可是反過來看，到底存在哪些不完全一致的條件呢？

若是講究科學的嚴謹態度，由於有「不完全一致的條件」，因此，所推測的風險當然有可能實際上並不存在。但若是基於對嚴謹態度的執著，而在明知「可能產生極大危險」的情況下仍選擇不避開，豈不是很笨嗎？

將菸草焦油塗在動物身上，動物就會罹癌，如果各種流行病學研究都顯示出吸菸者與癌症之間具有難以當成誤差的關聯性，那麼，將吸菸行為判定為「危險」應該比較實際才對。

要是正在閱讀本書的你有在吸菸，而且是明知道晚年可能必須忍受肺癌之苦與抗癌藥物的副作用等風險的前提下，仍選擇吸菸，那就是你的自由了。雖然希望你也能將二手菸對家人及朋友帶來的健康威脅考慮在內，但如果你選擇採取費雪的「由於未經隨機對照實驗證實，所以嚴格來說無法確定其因果關係」這種立場，我也不能否定。

不過，政府要是基於對科學嚴謹度的堅持而不對吸菸採取任何對策，那就不是科學的問題了，那叫「無能」。例如在日本，根據由醫療經濟研究機構以最新流行病學研究為基礎，所做的推測來看，因吸菸而額外產生的醫藥費用以及減少的勞動人口等，總計每年造成七兆日圓以上的經濟損失。而香菸的稅收與經濟效益加起來都還填不滿該損失的一半。

若以「嚴格來說也許沒那麼多」為由，而忽略這個占了GDP超過一%的七兆日圓損失，只能說是有夠笨。

而想反駁流行病學研究的人，就盡量指出可能會扭曲結果的條件即可。如此便能減少流行病學研究落入意外陷阱，而導致錯誤結論的可能性。甚至統計學家也能針對此一議題給予批評指教。只是執著於「由於未隨機化……」這個理由是毫無建設性的。除了流行病學外，這個道理也同樣適用於與政策及教育、經營管理等有關的統計觀察研究上。

全世界最具影響力的醫學期刊《New England Journal of Medicine》於二〇〇〇年刊載了一篇以「在分析同樣因果關係的醫學研究中，流行病學研究真的比隨機對照實驗要差嗎？」為題的研究。其主要內容為——透過比較及檢討九〇年代前半期刊載於主要醫學雜誌的論文後發現，**由流行病學研究所揭露的生病風險大小「其實和隨機對照實驗的結果差不多」**。而其原因可歸結為「因為有了先進的統計方法，因而能適當地調整條件的關係」。

像這類難以做到隨機對照實驗的研究，若採用相對而言預算較低、又能迅速收集到資料的流行病學方法，而實際上效果也很好，在我們的社會中應該為數不少吧。

19 分析「回歸平凡」的回歸分析

何謂回歸分析

如果無法如同病例對照研究法那麼講究資料的取得方式，但若能透過更先進的手法來達成所有條件盡可能一致的「公平比較」，也算是達到目的，而這個先進手法應該就非「回歸分析」莫屬了。

只要讀過大學的統計學教科書就知道，裡面一定會出現 t 檢定、卡方檢定、變異數分析及回歸分析等方法。不過，這些統計方法基本上都屬於「廣義線性模型」，也就是廣義的回歸分析概念，這是在一九七二年由內爾德與韋德伯恩這兩位統計學家所提出的。舉凡用來檢驗資料間所呈現出的關聯性是否有超出誤差範圍的手法，若以較大的架構來看，全都可視為回歸分析的一種。

但為什麼需要這樣的回歸分析呢？即使不靠資料，人們亦可從經驗中學習到趨勢與規則。也有人把這些稱為「宿命」、「理論」或是「成功方程式」等。

事實上，這個問題的答案，與其名稱中的「回歸」二字有密切的相關性。而本節便要介紹這個「回歸」現象的發現過程。

矮個子野村同學的戀愛故事

當我聽到世界最早的回歸分析案例時，馬上就聯想到高中時期的朋友野村。當時的他只願意和比自己矮的女生交往，但他個子相當矮小，所以符合條件的女孩就很有限。而那時常常玩在一起的朋友中有個叫小林的女孩，她的身高接近一百七十公分，這樣的女生是完全被排除在野村的戀愛對象之外的。

或許因為當時在學校學到了達爾文的進化論，讓我很擔心像野村對交往對象的限制，而使得人類到最後會發展出極端的兩種身材類型。

為了保險起見，我仔細研讀了達爾文的進化論，大致可分為幾個重點——

- 即使是相同物種，每個生物個體仍會有細微差異
- 個體的特徵是由父母親遺傳給子女
- 有些特徵有利於生存及繁殖
- 具備有利於生存及繁殖特徵的個體，會一代一代地不斷增加（反之，不利於生存繁殖的，便會被淘汰）
- 但有利於生存及繁殖的特徵，則會依環境而不同

因此，生物會經過世代繁衍而逐漸演化出適合其環境生存的特徵。在乘坐帆船環遊世界一周的過程中，達爾文發現，即使是同種類的小鳥，其鳥嘴形狀也會有細微差異，於是便在其著作《物種起源》（On the Origin of Species）中提出進化論的概念來做為此現象的結果。

如果都依照野村的想法，那麼，身材高挑的女性只會嫁給比自己高的男性，

身高較矮的男性就只會娶比自己矮的女性。而長得高的父母所生的小孩通常也比較高，長得矮的父母所生的小孩往往也比較矮。

如此一來，人類的身高難道不會朝兩極化發展嗎？馬和驢是物種相近但卻各自演化為身材大小不同的兩種生物，這樣的理論背後或許真有其依據？

這可不是什麼阿宅高中生想出來的科幻情節，事實上包含費雪在內，**在那個時代的諸多統計學家，都是以相當認真的態度看待這個假設**。甚至可以說，在當時出現的統計學方法中，有很多都是為了驗證這類進化論式的論點才發展出來的。而費雪之所以會對孟德爾的研究提出質疑，也是因為自己身為統計學者，同時又對遺傳學及生物學研究有興趣的關係。

達爾文的表兄弟與優生學

引發分析生物統計學這個潮流的是達爾文的表兄弟法蘭西斯・高爾頓（Sir

Francis Galton）。他和高中時代的我一樣（這說法或許有點自抬身價），受到了達爾文進化論的啟發。

而高爾頓想到的是進化論可以如何用在人類身上。他在一八八三年所著的《人類的智慧與其發展》（Inquiries into Human Faculty and Its Development）一書中提出了「應以更適合環境生存的人種及血統為優先，並賦予更多機會」這種優生學的概念。

所謂優生學就是——既然人類的智力高低是由遺傳所決定，那麼，積極地淘汰智力較低的人，同時盡量讓智力高的人大量繁衍子孫，人類的智商便能逐漸提升，而這或許就是人類所應追求的正義。

他的思想後來在歐美盛行了好一段時間。其背景是十九世紀的歐洲，當時的貴族和勞工階級之間仍存在著極大的階級落差。對於想保有既得利益的貴族來說，高爾頓的優生學觀念實在是太理想了。根據優生學，由於貴族具有「適合環境生存的優秀血統」，故獲得優先禮遇而世代興旺，這都是為了全體人類的幸福。高爾頓的理論甚至認為，向富人階級徵收高額稅金以濟貧扶弱的社會制度，是防礙人類進化的罪惡根源，因此，優生學成為了貴族批評政府稅制與社會安全政策的依據。

時至今日，優生學觀念之所以成為禁忌，主要是因為納粹利用了這種說法，對他們所謂的「劣等人種」進行種族滅絕的屠殺行動。不過，在大約五十年前的美國，不智能障礙者及性犯罪者的基因延續下去的「絕育」作法，都還受到法律的支持，我們又怎能只說納粹是壞人呢？這種內容的法律曾經存在過，而其背後或多或少都存在著一些優生學的觀念。

發現「回歸平凡」的道理

在進入道德層面的討論之前，高爾頓自己以及他的追隨者就已透過自身的研究證實了「事情沒這麼單純」。該研究結果如圖表19所示。

高爾頓所關心的是與人類智力有關的遺傳規則，而法國心理學家比奈，則

圖表19 調查一千組親子的身高

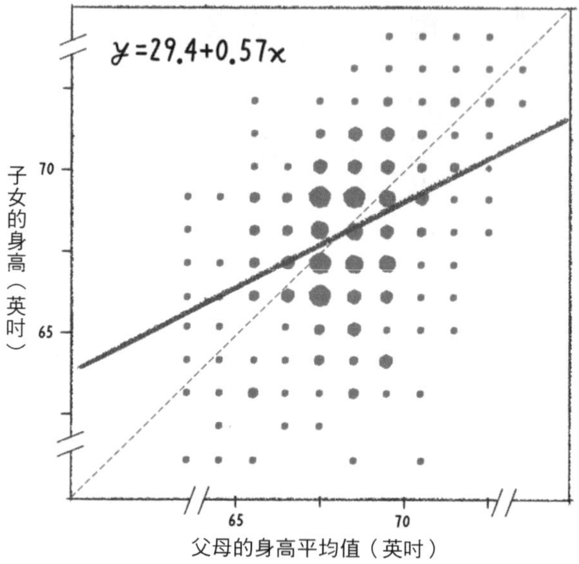

是在更晚一點的時代才發明了所謂ＩＱ的智力測驗。

ＩＱ一詞在現在聽起來沒什麼，已經算是普通常識，但是測量智力這種看不見也摸不著的抽象概念，卻是到了近代當心理學與統計學的進步才得以做到。所以，就算高爾頓想針對智力進行統計分析，當時根本沒有這種資料。於是他便改為測量大約一千組親子的身高，藉此證實「優秀的父母會生出優秀的孩子」。而其結果便如圖表19所示。

該圖表的橫軸為父母的身高平均值，縱軸則為其子女的身高，兩者皆以英吋為單位，圖中圓點的大小則代表了對應的人數多寡。

該圖表的橫軸為父母的身高平均值，縱軸則為其子女的身高，兩者皆以英吋為單位，圖中圓點的大小則代表了對應的人數多寡。

另外，從左下朝右上延伸的虛線，則代表了「父母的身高平均值＝子女的身高」這項假設。而較平緩的另一條實線通過了實際資料的中心，代表的是「以最小誤差，從父母的身高來預測子女身高」的線，且此線可用其左上方的 $y = 29.4 + 0.57x$ 方程式表示。英制的一英吋相當於二・五四公分，故若改為以公分為單位的寫法，則 $29.4 \times 2.54 = 74.7$，方程式就變成如下——

子女的身高（cm）＝ 74.7（cm）＋ 0.57 ×父母的身高平均值（cm）

像這樣描述資料之間的關係，**或是從一方資料預測另一方資料的方程式**，**就屬於回歸分析的概念**，這種方程式所表示的直線則稱為回歸直線。此實線代表實際關聯性，虛線代表理論關聯性，而重點就在於這兩條線之間的差異。

在圖表左側，也就是父母身高低於平均的群組，代表實際關聯性的實線比代表理論關聯性的虛線要高。而在圖表右側，亦即父母身高高於平均的群組，代表實際關聯性的實線卻比較低。

這代表了什麼意義呢？自古以來，人們早就已從經驗中得知，父母的身高跟子女的身高會很接近，但事實上，父母高大的小孩其實沒那麼高，或是父母較矮的小孩其實也沒那麼矮，但是在高爾頓公開這些資料以前，大家幾乎不曾注意過。

高爾頓將這樣的現象稱為「回歸平凡」，之後，其追隨者及受其影響的統計學家又進一步稱之為「回歸平均值」。意思就是，實際資料比理論上的推測「更接近平均值」。

若將此道理對應至先前我同學的例子，就表示「小個子野村同學的兒子身高比野村高」、「高個子小林的女兒身高比小林矮」的可能性很高。

就連身高這種測量誤差很小、遺傳性很強的特徵都是如此，智力想必更是如此。或許，由高智商的父母所生的小孩平均來說智力也較高，但若要說這是絕對能夠預測的，也不盡然。所以，人類並不會朝兩極化的方向演進，用遺傳及種族的角度來歧視他人，並不會帶來什麼好處。

奧運選手的最佳狀態

之所以會有這種「回歸平均值」的現象發生，原因就在於，無論是身高也好、智力也罷，甚至不限於生物特徵，這世界上的所有現象其實都具備了各種「變動性」。

舉個較具體的例子好了，想想看奧運代表選手的遴選方式。

只要能在事前舉辦的預選賽中達到傲人的戰績，便能代表國家參賽，可是我們每次都能在這種預選賽中看到成績不如預期而令人失望的情況。這也是回歸平均值的一個例子，因為體育運動的結果具有變動性，而產生的現象。

運動賽事的結果並非只由實力決定。即使是最單純的一百公尺賽跑，每次比賽的紀錄也都不同。假設將影響這種變動性的因素稱為狀態，那麼，許多只是恰巧在事前預選賽中創下好成績的人，很可能是因為他在當下剛好處於史上少見的極佳狀態。

但依據此極佳狀態下的記錄來預測正式比賽結果，等於是希望「恰好發生兩次奇蹟」，這也未免想得太美了。雖然我們無法得知這些選手在正式比賽時到底會處於一般狀態還是極差狀態，但至少，與其出現奇蹟般的好成績，該比較的應該是會出現「回歸平均值」的結果才對。反之亦可推論出，在正式比賽前狀態極差的選手，或許會出現「達到最佳成績的可能性很高」這種反向的回歸平均值現象。

當運動場上又出現了戲劇性的發展或讓人跌破眼鏡的結果，或許有相當的比例是只靠此回歸平均值現象便能說明的。因此，選手必須要調整身心狀態，以「排除變動性」或「表現出不受變動性影響的壓倒性實力」才行。

高爾頓及其追隨者的研究結果中，最值得我們了解的一點就是**對於具變動**

性之現象，理論性的預測並沒有那麼準確。也因此才需要妥善收集資料並進行回歸分析，以解析其關聯性。

但千萬別只滿足於透過回歸分析而得出之「最有可能的預測公式」，雖然該預測公式是以最小化資料誤差的方式所求得，但存在著誤差這點依舊不變。忽視誤差的分析都是不切實際的，我在第11章也已說明過。

那又該如何思考呢？

關鍵就在於下一章將介紹由費雪帶入統計學領域、除了隨機對照實驗之外的另一個重要觀念。

#「20」統計學之父的另一項成就

高爾頓的回歸分析也有限制

記得在大學時代的實習課中，我都還必須以「畫一條直線，使之穿過標在方格紙上的點，然後算出其斜率」這種一百年前的常用技術來做成果報告，而賦予這個類比式作法一些數學上的支持，也可算是高爾頓等人的功勞。

但反言之，**高爾頓的回歸分析也不過是導出了「通過資料中心的直線及代表該直線的方程式」而已**。因此，像圖表20、21所顯示的狀況，只靠高爾頓的回歸分析是無法區別兩者差異的。

圖表20與21透過回歸分析所求得、代表通過中心之直線的方程式，也就是

圖表 20 變動性較小的回歸分析結果

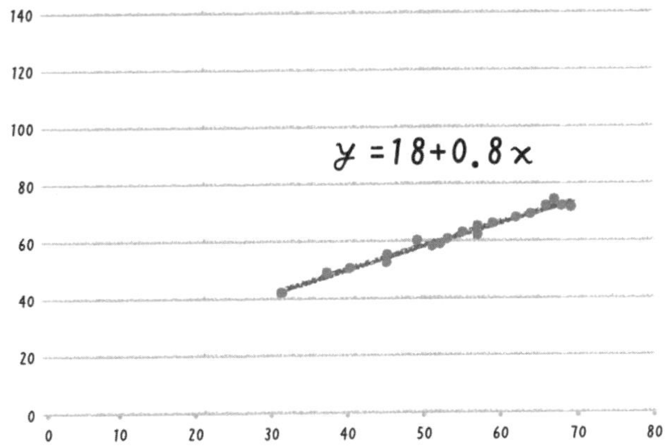

圖表 21 變動性較大的回歸分析結果

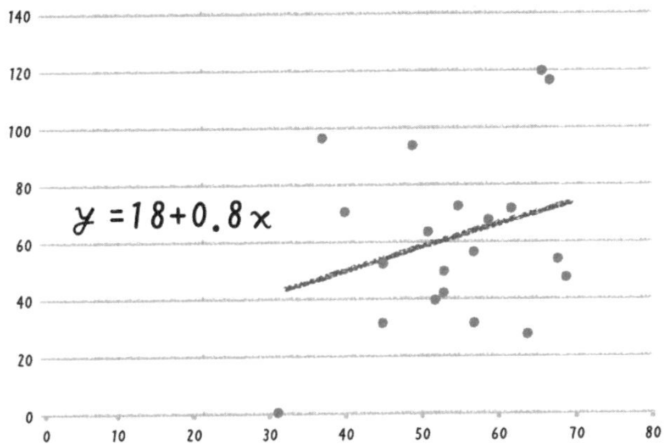

所謂的回歸方程式，都是 $y = 18 + 0.8x$。亦即呈現 x 軸之值每增加 1，y 軸之值便增加 0.8 的正相關狀態。而其中的 18 與 0.8 等表達回歸方程式用的數值都稱為回歸係數。此外，就如國中數學所學過的，這裡的 18 也叫做截距，而 0.8 則可稱為斜率。

即使回歸方程式或回歸係數都一樣，圖表 20 明確呈現出橫軸與縱軸之值具有由左下往右上的線性關係。反之，圖表 21 的這種關聯性則不如圖表 20 明顯。看來，只是碰巧找出了通過四處分散的資料點中心的直線，不值得高興。

那麼，圖表 20 與圖表 21 到底有何不同呢？

或許可思考一下，若在這兩個圖表裡的各二十個點中，各自隨機去掉三個點會怎樣？圖表 20 不論去掉哪三個點，所求得的直線幾乎不會變。而圖表 21 若是剛好去掉了最右上角的兩個和左下角的一個點，通過其中心的直線就會變得大不相同。

此時的回歸方程式會變成 $y = 103 - 0.85x$。也就是說，光是去掉三個點，變數之間的關係就逆轉了，變成 x 之值每增加一，y 之值就減少〇．八五的負

圖表22 僅因資料量稍有變化，關聯性便逆轉了

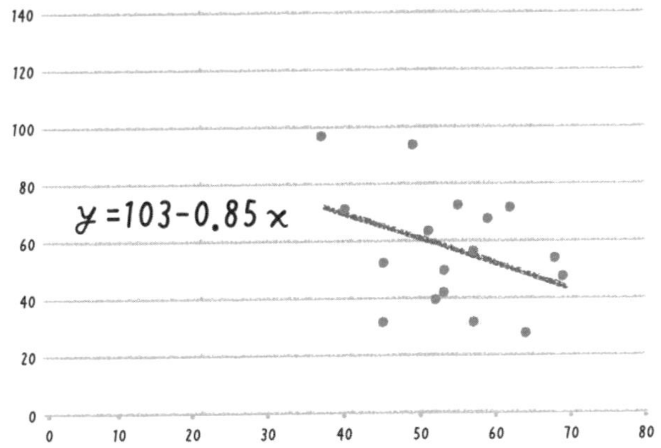

相關狀態（如圖表22）。

如此一來，就算想利用此回歸分析結果來增加y值，也根本無法確定到底是該增加x值還是減少x值才對。就像在實際的商業環境中欲增加銷售額（y），所以想確認廣告量（x）的效果，但實際上卻無法判斷，到底該增加廣告量好還是減少廣告量好，即代表這份分析本身沒什麼意義。

回歸係數本身就有變動性

剛剛是從二十個點中隨機去掉三個點的情況，但其實這二十份資料在現實世界中就是「應可從自然界取得的無限多資料裡，偶然收集到的幾個」。假設一開始「偶然」收集到了十七份資料，則這些資料或許會呈現如前述的正相關狀態，不過，也有可能如圖表22那樣呈負相關狀態。

因此，現代統計學認為，不只是實際取得的資料本身具有「有的偏大、有的偏小」這種變動性，**所求得之回歸係數本身亦存在著變動性**。也就是說，假設從現在開始做一百次從「偶然取得之資料」算出回歸係數的動作，則求得之回歸係數也會「有的偏大、有的偏小」，而這樣的變動性也必須納入考量才對。

這道理可不僅限於回歸係數，就拿資料數據的平均值這麼單純的東西來說，如果多次收集資料並計算出某種值（這稱為統計量），則每次算出的統計量應該都不一樣。

要注意的是，就算從某個小學四年級的其中一班取得全部四十個學生的成績資料而算出的回歸係數及平均值，有時也必須考量到統計量的變動性。

這確實和羅斯福新政的失業率調查不同，既然已取得所有資料，那麼，其回歸係數就一定是一個確定值。因此，若這個回歸係數只是用來了解這個班級的四十名同學，當然就不會有任何誤差。不過，特地收集資料並加以分析得來的結果，就只對這個班級的同學有意義了。

對其他人來說，這些不過是四十個孩子的成績罷了。不過，一看到這結果，應該就有不少人會想進一步知道，和他們同年齡的小孩可能會被哪些因素影響成績。也就是說，大家真的想知道的是「同年齡所有小孩」這一群體的回歸係數，某間小學某一班的四十名學生只是可偶然取得之資料中的「一部分」而已。

如此看來，人類真正想知道的事，大多是很難百分之百確定的東西。

這世上很可能有人才失戀個兩、三次就一口咬定「女人都是騙子」。若要在毫無誤差的情況下確認此話的真偽，就必須密切觀察全球三十億左右的所有女性是否都善於說謊。而就算已知「在二〇一二年的時候所有女性都是騙子」，往後也不能隨便就說「女人都是騙子」。畢竟人的個性與想法常常改變，所以很難說到了二〇一三年，是不是有些女人就從良不再騙人了。

連統計學家也無法理解的「真值」概念

費雪將這種「若持續獲取資料，就能找出真正想知道的值」稱為真值，並提出以數學方式來整理，**亦即找出由偶然取得資料所計算出的統計量，是以何種程度的誤差來推斷真值**。如此一來，便不必持續地獲取資料也能做出適當判斷。

依據實際數據所求得之回歸係數等統計量，不過是針對該真值的合理推估罷了，而不只是推估出最合理的值，還要將該值相對於真值的誤差程度納入考量，這樣才能盡量降低判斷錯誤的風險。

這便是費雪的另一大功績，足以與隨機對照實驗並列。

當時的統計學家都受到所謂獲得「具體資料」的束縛。由具體資料求得之回歸係數也好、平均值也罷，如同剛剛提到的「從全班四十名學生所取得之結果」，其值肯定是一個絕對確定值。然而，大家似乎無法理解費雪所提的抽象的真值及推估值之誤差等概念，但這樣就無法解釋先前所列的兩張圖表的回歸分析差異了。

就連小學生也會求出資料的平均值這麼簡單的計算，只要將所有數據全部加起來再除以資料數就行了。然而，此時若有人端出一張神秘的圖表並表示：「理論上，你所算出的平均值具有這樣的變動性」的話，一般人大概都會和過去的統計學家一樣一頭霧水吧。

儘管如此，正如第11章在介紹誤差範圍時，說明令人心情隨值的增減而上下起伏的A/B測試一樣，最好還是要避免根據偶然求得的回歸係數，而讓人去進行事實上無益、甚至是有害的愚蠢行動比較好。也就是說，假設斜率的真值其實是0，只是因為資料的變動性才一不小心造成正的回歸係數，但仍依此結果來做決策，那麼，肯定會鑄下大錯。

例如，在增加廣告量其實並無任何意義的情況下，竟然做出「依據回歸分析得知，廣告量越大，銷售額就越高！」的判斷，肯定是會帶來極大的損失啊。

回歸分析專用的基本術語

幸好，即使是不擅長這種抽象思考的人，現代統計學仍可成為威力強大的工具。這是因為就算不懂其背後的數學理論，能讓人輕鬆算出推估值及誤差、p值等數值的軟體工具都已十分普遍了。只要能看懂輸出結果，應該就沒什麼太大問題了。

例如，若將前面圖表20、21的回歸分析結果加上誤差考量，便能獲得如圖表23、24的結果，兩者都同樣呈現y＝18+0.8x的關聯性。

這時，若能理解如下所述的圖表23、24各項目的意義，應該就足以避免犯下判斷錯誤的笨蛋行為了。

- 回歸係數的推估值：請注意，雖然截距、斜率（x）都是從資料求得之值，但也只是以資料為基礎推估「真值」的結果罷了。
- 標準誤差：推估值的誤差大小。雖然這個值若比回歸係數的推估值還大的話，

圖表 23 圖表 20 的回歸分析結果

變數	回歸係數的推估值	標準誤差	95% 的信賴區間	p 值
截距	18	1.5	14.9 ~ 21.2	<0.001
x	0.8	0.03	0.7 ~ 0.9	<0.001

就表示該推估值不很可信；但與其聚焦於這個值本身，更值得考量的應該是稍後介紹的信賴區間才對。

- 九五%的信賴區間：不僅限於「回歸係數為0」的情況，而是對於任何回歸係數值來說，都不是「不可能為p值在五%以下的真值」之範圍。也就是可以想成是「近乎毫無疑問的真值範圍」。
- p值：當實際的回歸係數為0時，光是因資料的變動性便能推估出此程度之回歸係數的機率。而依慣例，此值一旦超過五%，即可判斷為「回歸係數不太可能是0」。

假設實際從圖表中找出了這樣的值，例如，圖表23截距的標準誤差為一．五、x的斜率標準誤差為〇．〇三，兩者都比回歸係數的推估值要小很多。而看看信賴區間也會發現，真值範圍幾乎可確定會分別落在十四．

圖表 24 圖表 21 的回歸分析結果

變數	回歸係數的推估值	標準誤差	95% 的信賴區間	p 值
截距	18	35	-55.5 ~ 91.5	0.61
x	0.8	0.6	-0.5 ~ 2.1	0.23

九～二一．二及〇．七～〇．九的範圍內。

此外，若假定回歸係數之真值為0，亦即x與y之間並無任何關聯性的話，只因資料之變動性而產生這樣的回歸係數的機率，也就是p值，是不到〇．〇〇一的，亦即低於〇．一%。由此便可判斷，x與y之間理當具有某種正的相關性才對。

再看看圖表24的回歸係數誤差，截距的標準誤差為三十五，代表x斜率之回歸係數的標準誤差則為〇．六，兩者當中，一個很接近回歸係數的推估值，另一個甚至超過回歸係數的推估值。而此時x斜率的信賴區間為負的〇．五～二．一，亦即「可能為正值，可能為0，也可能為負值」，完全看不出趨勢，因此毫無意義。

當然，觀察其p值也發現是超過五%的，也就是說，即使回歸係數之真值為0，那麼，截距仍會有六一%的機率、x的斜率仍會有二三%左右的機率是單純因資料的變動性所造成的。

只要能像這樣解讀回歸係數的誤差以及信賴區間等值，你的統計知識便會大幅躍升。因為正如前面曾說過的，用於分析資料之間的關聯性、或依據某些數據來預測結果等統計學手法，都屬於廣義的回歸分析。

舉凡政策、教育、經營管理、公共衛生等各種領域的研究結果，都和剛剛介紹的圖表一樣，**會以回歸係數及其信賴區間**、p**值等項目來描述（也可能只用到部分項目）**。

21 讓統計學變得更易理解的一張表

統計學教科書中的廣義線性模型可分為兩大類

回歸分析本身已經是相當實用的工具，若能以此為基礎，用「廣義的回歸分析」形式來統一理解諸多統計分析方法，想必能更加擴大其應用範圍。

「廣義的回歸分析」觀念被統計學家稱為廣義線性模型。所謂線性指的是如回歸分析那樣直線性的關聯性，而此廣義線性模型的想法便是「雖然有各種不同的分析手法，但終究也能概括地整理成類似回歸分析的形式」。

我認為，基礎的統計學教科書大致可分為兩種。一種由於不採用廣義線性模型的觀點，**故將費雪等人當時所建立的分析方法「分別獨立」介紹，另一種**

則是將這些都視為「基本上相同的方法」，因此以概觀形式來介紹。

而前者的寫法往往會造成以下的悲劇。

像t檢定、回歸分析等，就算知道其名稱來由，但分別去記憶毫無規則性的各個獨立手法，終究還是讓人搞不清楚該在什麼情況下用哪一個才好。念書時或許還可以勉強自己用死記的方式，手動解題拿到了學分。一旦出了社會後，每當回憶起統計學，卻好像這輩子根本沒修過這個科目一樣。

要是以「基本上都是相同手法」這樣的概念為基礎，依據使用時機和該觀察的數據等條件，整理成一張表呢？如此一來，理解統計學所需的時間和精力就會大幅減少，整個觀念也將變得清楚許多。

而這一張表就如圖表25所示。

本書中已經提過很多次，統計學是「以公平的比較為基礎」，目的在找出產生差異的主要因素，而只要決定了想使用什麼樣的分析軸（稱為「解釋變數」）來比較什麼樣的值（稱為「反應變數」），便能輕鬆選出該採用的分析方法。

圖表 25 統整了廣義線性模型的一張表

		分析軸（解釋變數）			
		比較兩個群組	比較多個群組	比較連續值的多寡	同時比較多個因素
想比較的東西（反應變數）	連續值	以t檢定檢查平均值的差異	以變異數分析檢驗平均值的差異	回歸分析	多元回歸分析
	只有「有/無」兩種值	匯總表格與卡方檢定		邏輯回歸	

請讓我再強調一次，列在此表中的都是同樣屬於所謂「廣義線性模型」的廣義回歸分析方法。

這張表的用法

舉例來說，「每位顧客的消費額」這個變數是從〇日圓開始，以一日圓為單位增加的連續值。若以此為「反應變數」，進行兩個群組間（如男性與女性顧客的差異）的比較，就該分別列出各自的平均值，再以t檢定求出代表「這樣的平均值差距是否在誤差範圍內？」的p值及信賴區間。

而來店次數也屬於連續值，但若要進行「來店次數越多的人，其消費金額是否也會增加？」的比較，就該以來店次數為「解釋變數」，以消費金額為「反應變數」來進行回歸分析，然後求出回歸係數的推估值、信賴區間及p值。

另外，與金額無關的「是否有購買」及「是否有來店」等只有兩種值的結果，也就是可用「有」或「無」來表示的兩種值類型。欲在二或三個以上的群組間（例如，以10歲為單位劃分的不同年齡層）比較這種「反應變數」時，除了要以匯總表格呈現各年齡層群組的購買率和來店率外，還要用卡方檢定計算出代表「是否可算是在誤差範圍內？」的p值才行。

比較麻煩的是非連續值也非兩種值的情況，也就是要處理「分在某個類別？」這種「反應變數」時的作法，而在一般實務上，多半是採取兩種值或連續值的方式。

例如，「1.完全沒有」、「2.不太有」、「3.偶爾有」、「4.經常有」這種問卷答案選項存在著1→2→3→4這樣的順序及方向性。而其中一種方法就是將選擇1～2的人分成一類、選3～4的分成另一類，如此便能將之視為兩種值的變數類型來處理。而且不一定要從正中間劃分開來不可，也可分成「經常有」和「其他」兩種值。另外，實務上也經常有人直接將1～4的值視為連續值來分析。

再舉另一個例子，若是調查國民所支持的政黨這類的問卷調查，其結果就不具有明確的順序性及方向性。

這或許可依據「自由度」、憑直覺來排列，但每個政黨在不同政策上的自由開放度都不盡相同，故順序可能會變，更何況國民在選擇支持哪個政黨時也不見得都只看「自由度」而已。因此，對於這種變數，一般會視為「性質不同的類別」，處理時會先轉換為「是否支持國民黨？」、「是否支持民進黨？」等對各政黨支持與否的兩種值變數，然後再做分析。

雖然面對有三種以上分類的變數可能會有些複雜，**但只靠一張表就能分析所有的數據關聯性並預測未來結果，真是超級簡單又功能強大的架構呢**。

以任何方式皆可獲得相同p值的原因

再繼續看最右邊的「同時比較多個解釋變數」所用的方法，該方法也可用於只有單一解釋變數的情況，而且不論是要在群組之間比較這個解釋變數，或是比較連續值的多寡，都沒有問題。也就是說，本來應該採取t檢定的情況下使用多元回歸分析（但這時由於分析軸只有一個，所以不叫多元回歸分析，稱為回歸分析）、在應採取卡方檢定的情況下使用邏輯回歸，都能求得完全相同的p值。也因此，我才會說分析關聯性的方法幾乎可算是廣義的回歸分析。

這些結果的一致性應以數學來並解說，不過，若只是要加強各位對t檢定與回歸分析的結果有一致的印象，就算不用算式也同樣能夠講清楚、說明白。

圖表26解釋了t檢定，也就是兩個群組間的平均值差距，到底算不算在誤差範圍內的p值計算觀念。為了舉例說明，我以分析「有廣告認知的群組」與「無廣告認知的群組」兩者的消費金額平均值是否有差距為假設，設計了如圖的數據資料。

圖表 26 t 檢定的概念

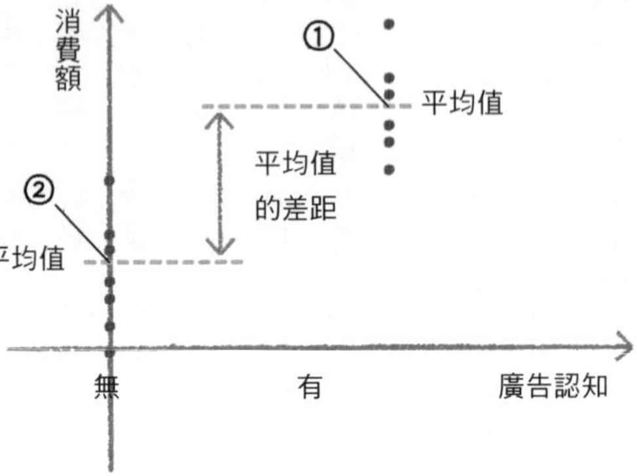

圖表 27 回歸分析的概念

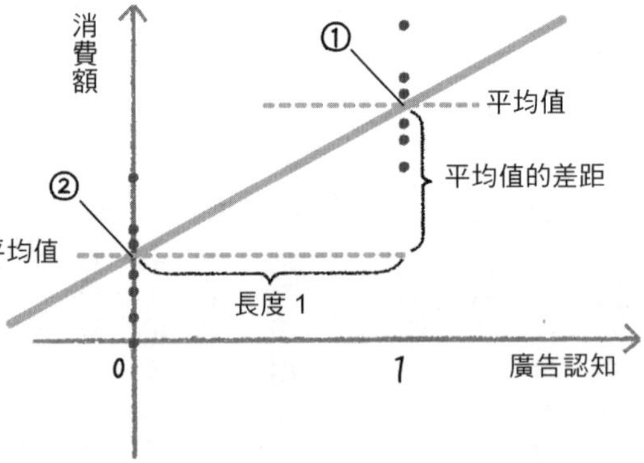

圖中的各個小黑點代表了各群組顧客的消費金額，而①和②分別為各群組之消費額平均值。t檢定要分析的是①和②的「高度」差異，若此差異已超出可能因資料變動性而產生之誤差範圍，那麼，就可判斷這廣告是有效果的。

要是對這樣的資料進行回歸分析，結果會如何呢？結果如圖表27所示。為了做回歸分析，兩個值就必須都是「數字」才行，為了方便起見，就將「無廣告認知」視為0，「有廣告認知」視為1。

正如前面介紹過的，所謂的回歸直線就是「通過資料中心的線」，故在此當然也可求得通過這兩個群組之平均值的回歸直線。接著便能計算出斜率，正如國中時學過的，圖表中直線的斜率為「座標的縱向長度÷座標的橫向長度」。

也就是說，欲計算由各群組平均值所形成之回歸直線的斜率時，所用的「座標的縱向長度」便是兩個群組的「平均值①與②之間的差距」，而「座標的橫向長度」就是1減0等於1（1－0＝1）。「平均值的差距」除以1當然還是「平均值的差距」（平均值的差距÷1），於是乎，只要以0或1代表不同群組，則求得的「平均值的差距」與「回歸係數」便是完全相同的值。

像這樣不用原始數值，而是將「兩個群組」或「兩種值的變數」改以0和1來代表的作法，稱為「虛擬變數」（常用於論文中）。當回歸分析的表格裡標示了「男性－虛擬變數」（「男性－Dummy」）或「老年人－虛擬變數」之類的變數時，就表示是以「男性為1、女性為0」或是「老年人為1、非老年人為0」的變數形式來進行回歸分析。若該「男性－虛擬變數」的回歸係數標示為5.2，便可解讀為「男性的反應變數有比女性大5.2」，而要是標示為-4.1，則可解讀為「男性的反應變數有比女性小4.1的趨勢」。

此時，較精明的讀者或許會指出，除了「平均值的差距」與「回歸係數」一致之外，應該也要考慮到誤差和變動性吧？不過，這部分也完全不成問題。

因為費雪已經證明了，從所獲得數據算出的各群組平均值及回歸係數等，都具有依循相同t分佈的變動性。既然是用同一批資料推估出本質相同的值（平均值的差距與回歸係數），而且理論上的變動性也一樣的話，分析結果當然就會完全一致。

容易造成誤導的用詞「一般線性模型」

光用一個小節的篇幅便能介紹完一本基礎統計學教科書所包含的分析方法，這也要歸功於優秀的廣義線性模型架構。

像這樣對學習者來說簡單易懂的概念，從內爾德與韋德伯恩開始提倡的時候起算，已過了約莫四十個年頭，卻仍未被妥善運用在一般教科書上，我個人覺得非常可惜。

過去我和哈佛的研究生舉行私人的統計學讀書會時，每次一談到這類有關架構的話題，便會有人反應：「為何至今為止都沒人用這種方式教我們呢？」看來這似乎不只是日本的統計學教育出了問題而已。

當初內爾德等人之所以能架構出廣義線性模型的概念，就是從「當時所發明的各種以回歸為名的方法，是否能以相同的計算方式來達成？」這個想法開始的。因此，只要能弄懂多元回歸與邏輯回歸有何不同，日後即使又有新的回歸分析方法，應該也都能順利理解其意義才對。

再補充一點，將屬於廣義線性模型（Generalized linear model）的 t 檢定、變異數分析、回歸分析及多元回歸分析等（不包括卡方檢定和邏輯回歸）統整為一般線性模型（General linear model）的概念，是早在內爾德與韋德伯恩之前的一九六八年，由一位名為科恩的統計學家所提出。

而面對來自其他統計學家的批評：「用這麼雷同的名稱，不是很容易造成誤導嗎？」內爾德也坦承：「老實說，我也覺得當初該取個更好的名稱才對，真抱歉！」

除了專業人士以外，其他人或許不必對這兩者間的差異太過敏感，今後即使看到「一般線性模型（General linear model）」的說法，請記得其實並不需要過度嚴苛地挑剔：「應該寫錯了吧?是廣義線性模型（Generalized linear model）才對吧？」

22 多元回歸分析與邏輯回歸

學者也很常用的統計方法

透過所謂的廣義線性模型架構來分析、推測資料間的關聯性，幾乎都會被歸類為廣義回歸分析的一部分。

其中的多元回歸分析，可說是**針對有多個「解釋變數」（亦即會影響欲預測之結果的因素）的情況擴充而成的回歸分析**（請見圖表25），而這也是在統計學上實行「公平比較」時能發揮重要作用的統計分析方法之一。

所以，不論是政府報告還是學術論文，只要是針對某些資料進行分析，呈現的幾乎都是以多元回歸分析或其擴充邏輯回歸所得出來的結果。這些可說就是現代統計方法的王道，也可說是主流的統計方法。只要能夠理解並解讀這些方法，便可能與學者在平等的基礎上進行討論。

那麼，為什麼利用多元回歸分析及邏輯回歸就能達成「公平的比較」呢？

無法公平比較的辛普森悖論

所謂的辛普森悖論，是屬於因為無法做到「公平比較」而造成判斷錯誤的例子之一。最早提出此問題的人就叫辛普森。

假設以下述問題為例，你會怎麼回答呢？

- 讓A高中與B高中同年級的學生接受同樣的模擬考試。
- 若比較男學生的考試成績，A高中的平均分數比B高中多了五分。
- 若比較女學生的考試成績，則A高中的平均分數也比B高中多了五分。

圖表 28 辛普森悖論的例子

		A 高中	B 高中
男學生	得分小計	9600	2200
	人數	160	40
	平均分數	60	55
女學生	得分小計	3000	11200
	人數	40	160
	平均分數	75	70
男女合計	得分小計	12600	13400
	人數	200	200
	平均分數	63	67

- 那麼，若比較男女學生全體的平均分數，A高中和B高中何者較高呢？

依據一般的邏輯思考，大家肯定會認為A高中的平均分數會高出五分。但這時如果腦袋中浮現出「不見得一定如此」這個答案，考驗的就是你統計學素養的高低了。圖表28便是一個有具體數值的這種例子。

在圖表28裡，A高中全體男學生的得分總計為九六〇〇分，除以其人數一六〇人，便得到六〇分的平均分數。女學生的得分總計為三〇〇〇分，除以其人數四〇人，則得到七十五分的平均分數。因此，A高中同年級男女學生全體的平均分數就是（9600+3000）÷（160+40），等於六十三分。而依據同樣的計算方式，也可求得B高中同年級學生全體的平均分數為六十七分。

若分別觀察這個表中的男女學生平均分數，可看到A高中男學生的平均分數為六〇，高於B高中的五十五分，A高中女學生的平均分數為七十五，亦高於B高中的七〇分，完全符合先前的問題描述。但由於男學生與女學生的平均分數有差距，再加上A高中和B高中的男女學生比例不同，於是造成了B高中的整體平均分數高出了四分。

像這種整個群組的單純比較結果與其中分類小群組的比較結果，有時會出現相互矛盾的現象，正是辛普森所指出的問題。在未經隨機化的流行病學等觀察研究中，即使在做單純的比較時，乍看之下有很大差距，但卻有可能只是因為A高中與B高中的男女生比例這種「細節差異」所造成。反之，若在做單純比較時完全看不出差異，也有可能只是因為存在這種「細節差異」，才隱藏了原本的差距。

請回想一下前面曾提過有關「暴力電玩與青少年犯罪率」的因果關係分析案例。在統一家庭環境，亦即所謂「細節」的情況下做比較時，明明看不出什麼差異，但如果玩暴力電玩的群組包含較多家庭環境不良的孩子，那麼，表面上看來就會是玩暴力電玩者的犯罪率較高了。

雖然採用分層分析即可避免自相矛盾，但……

這就是為何像流行病學這類的觀察研究必須使條件一致的原因了。就像分別觀察A高中與B高中的男、女學生成績，或是分別觀察不同家庭環境中，玩暴力遊戲與犯罪率的關係那樣，只要針對可能影響結果的條件來比較「類似的小群體」，應該就能避免發生辛普森悖論的毛病。而劃分為「類似的小群體」，也就是劃分為不同「層」來進行分析，就叫做分層分析，這在先前已經提過。

這種想法基本上是對的，然而，隨著「可能影響結果的條件」愈來愈多，這種作法就會愈來愈沒效果。

為了了解為何當應考慮的條件增加，分層分析就會失去效用，請先思考，在比較A高中和B高中的成績時，除了性別外，是否還有其他應考慮的條件。

例如，①所參加的社團為運動類、文化類，又或是根本沒參加社團；②是否有補習；③將可代表家庭環境指標的父母年收入分成三個等級來考量。若要劃分出這些條件都相等的小群體（也就是「層」）來進行分析，到底要分出幾個群體才夠呢？答案就是——

2（性別）×3（社團活動）×2（有無補習）×3（父母的年收入）＝36

也就是說，如果要劃分出這些條件全都可視為「一致」的層，就必須分出三十六層才行。

而在各學校中符合各層條件的學生又有幾人呢？就算人數剛好平均分配於各層，如此一來，200÷36≒5.56，每層也不過只有五、六個人而已。更何況這兩所學校的男女比例都很懸殊，就以A高中來說，若要將總數僅有四十名的女學生分配到除了性別以外其他條件都一致的十八個層中，平均每層更只能分到二、三人。如此少的人數不論怎麼分析，其結果都會在誤差範圍內。

不必分層的多元回歸分析

當碰上這種問題，就是多元回歸分析得以好好發揮的時候了。從「由於性別不同會造成分數上的差異，所以要統一性別條件」這樣的作法來更進一步思考，**如果能推估「性別會造成分數平均相差幾分？」那麼，即使不分層，也可以改善分析結果**。就讓我們來仔細研究一下這種想法。

假設不考慮性別，直接比較A高中與B高中的平均分數，於是出現如圖表29的回歸分析。只要了解前一節的內容，應該就能看懂此圖表。其中淺色圓圈代表男學生的平均分數，深色圓圈代表女學生的平均分數，圓圈大小代表各類

圖表 29 單純的回歸分析

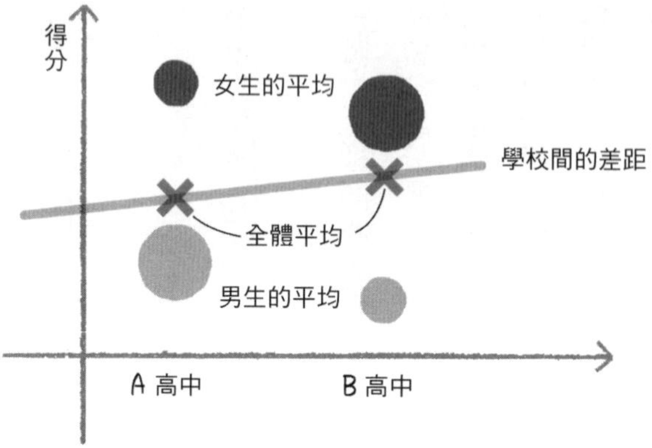

學生的人數，另外，×代表各高中的全體平均分數（會接近各校人數較多之性別的平均分數），而通過兩個×的直線斜率就是「兩個高中的平均分數差距」。以此例來說，直線是朝右上傾斜的，故可知B高中的平均分數高於A高中。

但若要推估性別造成的差異呢？那就要利用A高中及B高中的女學生平均分數都比男生多十五分的這項資訊了。

若想依照這個資訊，在不同高中之間進行與性別有關的「公平比較」，只要利用「若各高中的男學生全都為女生的情況」即可（請見圖表30）。

若各高中的男學生全都為女生，兩

圖表30 假設所有男學生都變成女生

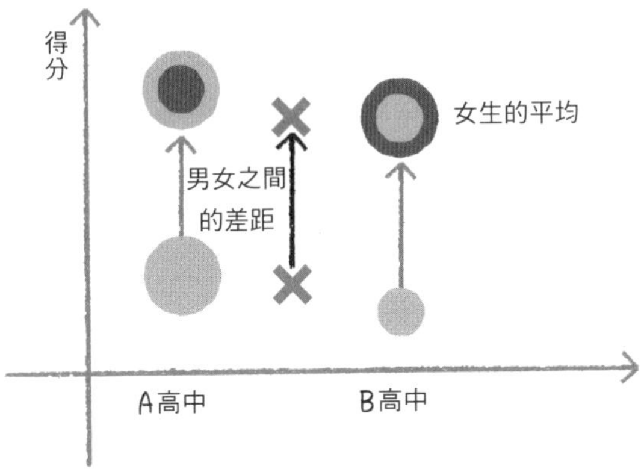

個高中就都必須替所有男學生加十五分，於是乎，A高中的全體平均變成七十五分，B高中的全體平均則變成七十分。如此便避開了辛普森悖論，可得到「A高中的平均分數高出五分」這種符合直覺的結果（見圖表31）。

像這樣能同時推估出「性別差異會造成平均差幾分？」及「不同高中的平均分數差幾分？」等多個回歸係數的分析方法，就稱為多元回歸分析。如果能推估性別差異會造成「平均差幾分？」這樣的影響程度，其實不必將男學生、女學生分層比較，只要靠「若這些男學生全都為女生」的虛擬條件一致狀態，

圖表 31 假設所有男學生都變成女生時的回歸分析

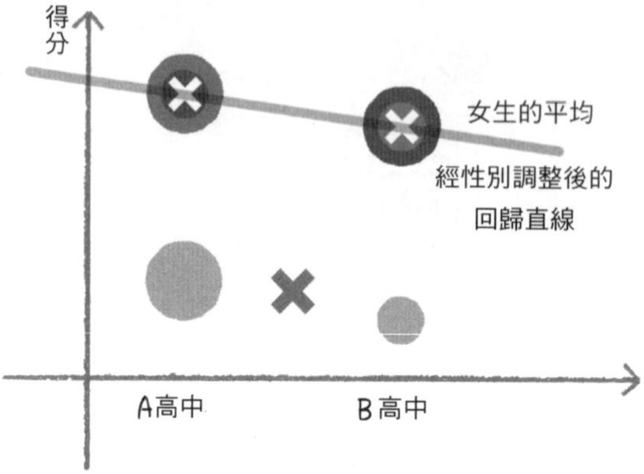

也能達成公平的比較。

這就是利用多元回歸分析所進行的公平比較。如果採用這種方式，即使條件再往上增加，也不必劃分多層來比較。

多重回歸係數可在「若彼此之間無加乘效果」的前提下，呈現出「解釋變數」對「反應變數」的影響程度。只要能解讀這樣的資訊，無論是學術論文也好、國家的政策報告也好，各位肯定都看得懂，完全不需藉助其他人的力量。

例如，牛津大學教授　谷剛彥在其著作《學力與階層》一書中，揭露

圖表 32 國中生之數學答對率的回歸分析

	回歸係數的推估值	標準誤差	p 值
截距	42.33		
男生（虛擬變數）	-1.62	1.31	0.05 以上
朗讀（虛擬變數）	3.32	1.41	小於 0.05
補習（虛擬變數）	16.62	1.64	小於 0.001
作業（虛擬變數）	6.29	0.92	小於 0.001
唸書時間（分鐘）	0.01	0.02	0.05 以上
在家及補習班都完全沒念書（虛擬變數）	-5.79	2.08	小於 0.01

摘自： 谷剛彥，《學力與階層》，（朝日新聞，2008）

了於一九八九年和二〇〇一年，以多元回歸分析方法對大阪府各中小學的生活、學習習慣以及成績等調查資料進行分析而得的結果。

相關詳細說明要請各位直接閱讀該書，在此僅以其中提到二〇〇一年國中生的數學答對率（亦即以一百分為滿分時的得分）為例，其多元回歸分析結果就如圖表32所示，而這結果所代表的意義已是相當顯而易見了。

圖表中並未標示出信賴區間，且p值亦非實際數值，而是以小於0.001／小於0.01／小於0.05／0.05以上幾個區間來分類表示，這點和本書到目前為止所舉的例子不同，不過，各位仍舊能從此表解讀出「男生比女生低一．六二分」、「在家有被要求朗讀的學生，分數會高出三．三二」、「有補習的人，分數會高出十六．六二」、「有確實做好作業的人，分數會高出六．二九」、「在家或補習班唸書的時間長短，對成績的影響都算是在誤差範圍內」、「但是否完全沒念書這項變數的影響則超過誤差範圍，會產生五．七九分的負面影響」等資訊。

在此例中，影響最大的是有沒有去補習這點。比起長時間在家認真做作業的孩子，不做學校作業只去補習班的孩子反而可以獲得較好的成績，由此看來，實在讓人懷疑學校的教學方式是否理想；另外，能否供得起小孩補習這樣的家庭環境因素，竟對成績有如此大的影響，這一點或許也顯露出了資本主義社會的不公平性。

採用比值比的邏輯回歸

雖然多元回歸分析只能用於「反應變數」為連續值的地方，不過，佛明罕研究則進一步擴充了多元回歸分析，發明了所謂的邏輯回歸方法。

當時是為了針對「是否」會得心臟病的「反應變數」（兩種值），也能和多元回歸分析一樣公平地分析各種「解釋變數」（血壓及年齡、有無吸菸等）會造成的影響，才創造出這種方法。

關於數學理論的部分要請各位自行參考相關專業書籍，在此不再贅述。不過，**邏輯回歸的基本概念就是將原為0或1形式的「反應變數」（兩種值），改以連續變數形式來處理，以便進行多元回歸分析**。

只要知道在邏輯回歸中的回歸係數是以比值比（Odds Ratio，亦即「需要幾倍才會接近目前的數值」）來表示，要了解其分析結果應該就不成問題（更精確地說，是轉換已推估出的對數比值比，並以比值比的形式呈現出分析結果）。

就和多元回歸分析一樣，邏輯回歸也應求出回歸係數的推估值、標準誤差、信

圖表 33 「在家和在補習班都完全沒有念書」的學生特徵

	比值比的推估值	p 值
男生（虛擬變數）	0.77	0.05 ~ 0.10
朗讀（虛擬變數）	1.11	0.05 以上
作業（虛擬變數）	0.55	小於 0.001
文化水準較低（虛擬變數）	1.78	小於 0.01
文化水準較高（虛擬變數）	0.69	0.05 ~ 0.10
父親大學畢業（虛擬變數）	0.60	小於 0.01

賴區間與p值等，只是其回歸係數的解讀方式稍有不同罷了。

在剛剛提到的《學力與階層》一書中，也以邏輯回歸方法針對「在家及補習班都完全沒有念書」的學生特徵進行了分析，而接著就讓我來介紹一下該分析結果的比值比與p值。

其中是否為男生、是否有朗讀、家庭的文化水準是否在較高群組中⋯等等變數的影響都在誤差範圍內，但是否有確實做作業而造成「完全沒有念書」的比率為近乎一半的〇．五五（就這點來說，很難判定到底何者為因、何者為果）。另外，家庭環境屬於文化水準較低的群組，而造成小孩「完全沒有念書」的比率為一．七八倍，父親為大學畢業者造成的比率則為〇．六倍。由此結果看來，除了補習與否之外，家庭環境對學習的影響似乎也相當大（如圖表33）。

只要懂回歸分析，就能篩去「信口胡謅」的言論

只要能具備本書到此為止所介紹的各種統計知識，就不會再被沒有任何根據就憑空捏造的言論給騙了。

我這個人比較偏激，每次看到學者或名嘴等在電視或網路上信口開河時，就會試著去找出可能的來源資料加以驗證，於是便發現，這世界上無憑無據地胡亂發言的人，還真是比想像中要多很多。

當你懷疑某些言論有可能是「憑空捏造」的時候，就算只是用Google搜尋該主題與「回歸分析」一詞，應該也能找出「有哪些因素是相關的、哪些則不相關」之類的結果。請務必善加運用至此為止已培養出的統計知識，把那些信口開河的言論全都擋回去吧！

「23」統計學家的極致因果推論

像多元回歸分析及邏輯回歸等這類的回歸模型，是現在最常用來找出資料關聯性的方法。這裡所謂的「模型」，就和「可傳神地模擬出」真實汽車或飛機的塑膠模型是一樣的。也就是說，以回歸分析做成的回歸模型「可傳神地模擬出」現實世界中肉眼看不到的因果關係。

但若要說有了回歸模型就一定能正確推斷出因果關係，那倒也不一定。回歸模型當然不是毫無價值的玩意兒，只是需要確實了解其限制以及應注意的事項，才能夠正確無誤地解讀資料。

在此要介紹的便是回歸模型的限制，以及為了解決這些限制而誕生的一些現代方法。

運用回歸模型時，需注意交互作用

多元回歸分析在推估回歸係數時，是以一項重要假設為前提。

也就是說，其回歸係數的推估所考慮的是**「在變數彼此之間無加乘效果的狀態下，平均會產生多大差異？」**為了方便以圖表說明，我簡化了數據，讓A高中和B高中的男女學生平均分數差距都「剛好是十五分」，而且A高中的男學生和女學生平均分數也都各自比B高中多了「剛好五分」（如圖表34）。

可是，實際上數據並不會這麼巧合地都「剛剛好」。若分析結果如圖表35那樣，情況又是如何？

若單純將A高中的五分差距和B高中的二十五分差距做平均計算，整體而言，女生的成績就比男生高了十五分左右。

然而，實際上只有B高中的男生成績特別差，若排除此特例，則男女之間的差距和兩校之間的差距看起來就沒這麼大了。**這是因為「彼此之間沒有加乘效果」的前提不成立的關係**。若是彼此之間沒有加乘效果，那麼，A高中的男

圖表 34 兩所高中的模擬考試結果（轉載圖表 28）

		A 高中	B 高中
男學生	得分小計	9600	2200
	人數	160	40
	平均分數	60	55
女學生	得分小計	3000	11200
	人數	40	160
	平均分數	75	70
男女合計	得分小計	12600	13400
	人數	200	200
	平均分數	63	67

女學生成績差異與B高中的男女學生成績差異應該會近似，而兩校之間的男學生成績差距和女學生成績差距應該也都差不多才對。

「加乘效果」的英文原文為interaction，在統計學上譯為「交互作用」。

運用回歸模型時的重要注意事項之一，**就是必須確認是否真的不存在這樣的交互作用**。不過，即使真的懷疑可能有交互作用存在，還是能將之納入回歸模型並推估回歸係數。

也就是說，無論連續值還是虛擬變數，不只是推估兩個解釋變數各自的回歸係數而已，還要建立由這兩個

圖表 35 若考試結果稍有不同……

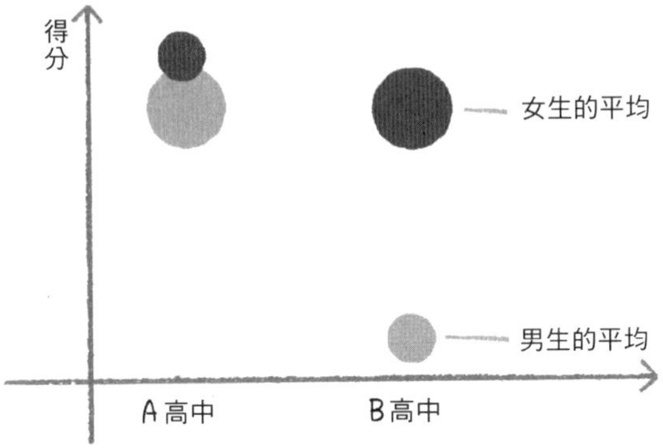

		A 高中	B 高中
男學生	得分小計	11200	1800
	人數	160	40
	平均分數	70	45
女學生	得分小計	3000	11200
	人數	40	160
	平均分數	75	70

變數合併而成的新解釋變數（稱為「交互作用項」），並同時推估其回歸係數，如此便能判斷此交互作用的影響。

試著整理此例的狀況，便能得到如圖表36的結果。

此交互作用為1或0，也就等於是「B高中且為男生」還是「除此之外的」。而這代表的便是只靠男女之間的平均分數差異、兩所高中之間的平均分數差異等，都無法說明「尤其會在B高中的男生部分發現差異」的影響。另外，依據虛擬變數的設定方式不同，即使是設定「A高中且為女生」的交互作用項，就推估回歸係數也完全不成問題。重要的是，必須透過此交互作用的加入，讓兩所高中乘以兩種性別所組合出的共四個群組間的平均值差異，都能以回歸係數來表示（如圖表37）。

若能建立像這樣包含了交互作用項的回歸模型，就能減少因表面上的回歸係數而做出錯誤判斷的風險了。

圖表 36 交互作用的影響一覽

	性別 男生 _ 虛擬變數	B 高中 _ 虛擬 變數	男生 ×B 高中 的交互作用
A 高中的男生	1	0	0
A 高中的女生	0	0	0
B 高中的男生	1	1	1
B 高中的女生	0	1	0

圖表 37 兩所高中與兩種性別的關聯性

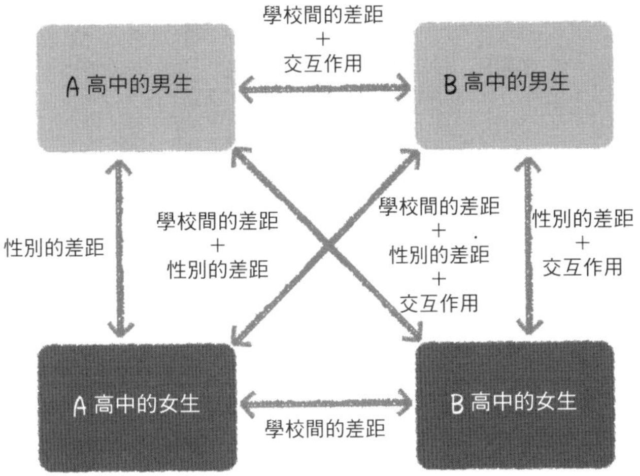

陷入僵局的變數選擇工作

然而，若是過於要求精確度而將所有的交互作用項都納入考量，也可能會因此而出現莫名其妙的結果。

假設原本的解釋變數有兩個，再加上兩者間的交互作用項有一個的話，通常沒什麼問題，但若解釋變數有二十個，兩者間的交互作用項就會高達一百九十個（20×19÷2＝190）。

在樣本數有限的情況下，若是進行這麼大量的回歸係數推估，誤差就會變得超級大，就算「大數據」可確保有無限多的樣本，要順利地解釋數量超過一百個的回歸係數也不是人類的認知能力可以辦到的。在分析數據後，若是得到「各個都有所不同」這種結論，那也未免太悲慘了。盡可能簡潔有力地找出「是什麼因素讓反應變數產生最大差異」，才是所謂的統計學。

因此，現在便有人在研究被稱為變數選擇法的演算法，這種演算法能自動選出不太可能是誤差的解釋變數（也包含交互作用項），然後再建構出回歸模型。另外，也有人在開發一些指標，希望能用來判斷回歸模型必須包含什麼樣的解釋變數或交互作用項目，對資料而言最為適當。例如，由日本前統計數理研究所所長赤池弘次於一九七三年所發表的赤池資訊量準則（AIC, Akaike s Information Criterion），便是最具代表性的此類指標之一。

不過，什麼樣的回歸模型才合理這個問題，實際上並不是只靠數理的特性來決定就可以。

只要選擇合適的變數，並將應調整的條件都正確納入考量，確實就能透過回歸模型來進行「公平的比較」。然而，要用什麼才能得出合適的模型，還是必須經過包括統計學家以及所有與該分析結果相關的利害關係人一起審慎討論，才能夠決定。

無限趨近於隨機的「傾向分數」

針對此種問題的有效解決方案，已有人於一九八三年提出。

而這個解決方案就是由羅森鮑姆與魯賓（Rosenbaum & Rubin）這兩位統計學家所發表，名為「傾向分數」（Propensity score）的方法。這種方法主要在流行病學領域等無法隨機化的情況下，或是在必須辨識複雜難解的因果關係時，都非常有效。

所謂的傾向分數是指**所關注的兩種值中，比較「符合其中一種值」的機率**。正因為代表的是「符合其中一種值」的趨勢和傾向，所以叫做傾向分數。而這傾向分數本身，可透過前面已介紹過的邏輯回歸來輕鬆求得。

例如，我們已經在第17章討論過，要驗證吸菸與否會不會罹患肺癌這一因果關係是很困難的。若能控制受測者吸菸與不吸的隨機對照實驗，就能在除了有沒有吸菸以外的其他條件都平均一致的不同群組，公平地比較肺癌發生率，但這樣的研究在道德上是不被允許的。

因此，才會設計出「聚集條件相同的受測者」這種作法，然而，一旦應考慮的條件增多，便必須取得大量資料才行。此外，還有可能遇到剛剛介紹的變數選擇僵局。

魯賓和羅森鮑姆所發現的是，**只要以傾向分數相近的群體（亦即由年齡與居住地區、職業等條件推測，而得之「應有吸菸」機率相近的群體）來做比較，那麼，「其他條件」和「有無吸菸」的關聯性就不會扭曲「有無吸菸」與「罹患肺癌」間的關聯性了**。

假設男性的吸菸率高於女性，鄉鎮居民的吸菸率高於都市居民，而男性比女性、鄉鎮居民比都市居民更容易罹患肺癌。在這種情況下，就算吸菸行為本身真的不具任何影響力，也會因資料偏差而造成表面上看似吸菸容易罹患肺癌的辛普森悖論。

但，這是由於各種不一致的條件影響了吸菸率而引發的問題。反過來說，只要篩選出依性別及居住地區等條件推測之吸菸率相近的群體，這些條件便不會影響到吸菸率了。也就是說，至少在用於推測吸菸率的條件上，可達成與隨機對照實驗一樣的公平比較。

利用傾向分數相近的群體來進行分層比較，就等於是在「以其他條件來說應該是不吸菸的，但不知為何竟是吸菸者」與「以其他條件來說應該是不吸菸的，而且確實就是不吸菸的人」之間做比較。從這個角度來思考，或許會更容易理解其公平比較的性質。

由於傾向分數能夠輕易地進行無限趨近於隨機的因果關係推測，因此，現在不僅常用於流行病學，亦經常應用在政策及教育方面的評估。從八〇年代到九〇年代，傾向分數的應用方式也進化得愈來愈精緻與成熟。不過，當然傾向分數還是與隨機化不同，我們無法肯定地說這方法能徹底剔除「某些可能大幅扭曲未知結果的因素」，不過，若是就此過度執著於細節或太嚴格強調精確度而不願下判斷，那就十分可惜了。

人類已取得可掌握並控制因果關係的技術。不必再倚賴那些神秘詭異的靈媒，只要稍微研究一下資料數據，便能做出最佳判斷。而接下來，就看你能夠如何運用這樣的知識來創造價值了。

PART 06

統計學之間的殘酷戰爭

24 社會調查法vs.流行病學及生物統計學

統計學的六大領域

若能理解本書到此為止所介紹的p值、信賴區間及回歸模型等內容，你大概就已掌握了統計學這門強大學問的「主幹」了。

不過，統計學的有趣之處並不只在其「主幹」而已。如果用「枝葉」一詞來形容或許不是那麼貼切，但若能理解這些為了廣泛應用於各學術領域而開枝散葉的前端「細節」，就能充分了解現代統計學的最新局勢。另外，應該也能藉此以更宏觀的角度，來看待不同學術背景下，各家統計學家之間的爭論。

統計學雖是以數學理論為基礎，但將其應用於現實生活時，一定必須做一些假設以及與假設有關的實際判斷。而這樣的實際判斷會受到各個領域的思想、目的、傳統等影響。就拿運用回歸模型時，會假設多個解釋變數之間並無加乘效果這點來說，就是個數學上的事實。但要如何處理該假設便不屬於數學理論，而會因為應用領域的觀點不同而有所差異。

其實，不論是將統計學應用於研究或工作上的專業人士，還是專門研究統計手法的統計學家，會注意到身處於不同領域就會有思維差距的人，似乎不多。雖然統計學是可以廣泛應用於各個領域的學問，但或許隨著學術的專業性劃分得愈來愈細，所以造成了單一領域的專家愈來愈難了解其他專業領域的觀點。

本章就是為了避免各位今後在接觸統計學時，被這些無足輕重的枝微末節干擾而特地準備的。只要學過下列涵蓋各個領域的六個重要思維應該就能理解現今世上絕大部分的統計學相關言論，分別是「從什麼樣的立場來論述的」。

①目的在於掌握實際狀況的社會調查法

②目的在於找出原因的流行病學及生物統計學

③目的在於測量抽象概念的心理統計學
④目的在於機械式分類的資料採礦
⑤目的在於處理自然語言的文字探勘
⑥著重在推論的計量經濟學

首先就來回顧一下先前已提過多次的①和②的思維方式吧。

追求正確性的社會調查專家

一般來說，「做統計」這種說法只用於表示單純的資料收集動作。早在費雪及戈塞（William Sealy Gosset，推導出 t 分布的統計學家）之前，從十七到十八世紀開始，歐洲各國便已有做與國家的人口數及死亡人數有關的統計，當時也出現了一些求取平均值與百分比等數據用的計算方法。以人口普查及選舉前的民意調查為代表的社會調查，可說是從這個時代開始，汲取了傳統統計學的「最古老應用」。

我曾在第8章提過：「只寫出平均值及百分比的數據匯總是沒什麼意義的」，不過，參與這種社會調查的統計學家對於「平均值及百分比」的講究程度，可是遠遠超越了「只是匯總」的等級。他們不斷地擴大從小羅斯福新政時期便開始實際應用的抽樣調查手法，並持續研究如何盡量避免誤差，**以及以最有效率的方式求得符合誤差範圍要求的推估值**。

若能對所有目標對象（如全國國民）進行徹底隨機化的挑選，且在某種程度上取得充足的樣本資料，事情就變得很簡單了。但事實上，即使是以法律規定了回答義務的調查，仍會存在著不願意完全配合的國民（在此補充一下，依據日本統計法的規定，對於拒絕或是不誠實回答國家所訂定之基本統計調查者，可處五十萬日圓以下之罰鍰）。

例如，對於已婚的中老年人，調查人員比較容易訪問得到，因此有利於催促對方作答；但對於生活作息不規律的獨居年輕人，調查人員就算想訪問，往往也很難聯繫得上。於是乎，獨居年輕人的受訪率就會明顯比已婚中老年人的受訪率要低，結果導致從調查資料求得之平均年齡和結婚率便會比實際狀況更高。

本應可取得、但實際上卻沒能測得的資料就稱為「遺漏值」，而社會調查的專家都會為了盡可能減少遺漏值而改善調查方式。此外，對於填補無法只靠改善調查方式來解決的遺漏值，以及如何修正推估值的偏差等方面，他們也設計了各種方法來應付。

這類統計學家所關切的，是要推估出更接近確定的數值。政府若要針對失業問題提出對策，就必須知道確切的失業人數；若要針對癌症提出對策，就必須知道確切的已罹癌人數及新的罹癌人數，否則根本無法討論需要多少預算，或應採取什麼樣的措施等問題。

在商業領域中，這類社會調查專家也經常參與市場調查工作。不過，相較於隨便做做問卷調查並用 Excel 匯總出漂亮圖表，除此之外便毫無其他能耐的行銷專家而言，他們是完全不同的兩種人。

這些人會正確計算出事先預計的誤差，然後在誤差範圍內，選擇可取得最精確之必要資訊的調查方法，並將調查工作發包給政府也會雇用的調查研究公司。如此便能獲得「估計約有哪些顧客存在，數量是多少」或是「這些顧客在我們的市場裡所花費的平均金額是多少」等推估值及誤差範圍。而依據這樣的推估值來制訂策略，應是所有重視行銷的公司都會做的努力。

追求「合理判斷」的流行病學及生物統計學家

雖然這類調查的重要性不容否認，但即使知道了顧客人數與市場規模，若結果還是得靠相關人士依直覺來討論「到底該採取什麼策略？」，那就失去調查的意義了。

若能進行隨機對照實驗當然最好，如果不行，便運用回歸模型及傾向分數等手法來推斷因果關係。只要知道控制哪種因素會對結果（在商業上多半都是與利益相關的指標）產生最大影響，那麼，足以控制該因素的策略就是最理想的策略。

隨機對照實驗是費雪在羅森斯得農業試驗所中研發出來的手法，回歸模型則是戈塞受進化論的影響而創造出來的。因此，他們的專業領域也被稱為生物統計學，但實際上，他們的發明已成為可用於絕大多數領域的統計方法基礎，並不限於生物而已。我自己本身所受的統計學教育是以流行病學和生物統計學為主，或許就是這個原因才造成本書內容稍微偏向這些範疇。

先前曾說過，費雪所寫的《實驗設計》一書廣為世界各地的科學家所引用。而該書所提倡的隨機對照實驗不僅在包含農業的生物學領域，就連以工程學及化學等以「物」為對象的領域、心理學與教育學，甚至是以政策科學和經營管理等以人為對象的各種領域中，都有人加以運用。基本上，只要是以「物」或除了人以外的生物為對象，要進行隨機對照實驗是比較容易的。

若是以人為對象，但因為道德及情感因素而不允許隨機化的領域，那就運用流行病學的方法即可。而流行病學的方法也同樣可廣泛應用於教育、政策及經營管理等各種領域。

兩者之間的共通理念，就是要找出會對最終結果造成很大影響的「原因」。反過來說，**若能以p值為基礎找出確實的「原因」，對於社會調查領域的統計學家所重視的推估值，就不需那麼在意了**。

例如，正確地判斷出香菸對身體有害這件事很重要，但如果就全體國民來說，吸菸會縮短的壽命真值為十年，但推估出來的卻是八年，這種誤差對流行病學家或生物統計學家而言，並不是什麼太大的問題。另外，假設老年人吸菸會減少十年壽命，年輕人吸菸則會減少十五年壽命，這兩者之間的交互作用也很少會被視為問題。不過，假如是「若只限於年輕族群，吸菸反而會延長壽命」這種會推翻結果的強烈交互作用，那就會是個問題了。只要能做出——不論對哪一種人都會有嚴重的負面影響，總之，就是降低吸菸率就對了——這種合理判斷，就某個程度而言便已足夠。

因此，生物統計學家和流行病學家幾乎都不太會堅持要「從全國隨機抽樣」。即使所分析的資料非常偏頗，例如，明明要討論的是全體國民的因果關係，但卻只收集了醫生的資料，或是只收集了高中生的資料，而在發表時，其研究結果也只會加註「這是僅限職業為醫生的單一群體結果」這類的說明而已。

另外，像是「由於無法確定在其他群體中的適用性，故引用時請特別小心」或「未來仍必須確認在其他群體中，是否也能發現同樣的關聯性」這類句子，也都可算是論文不可或缺的附註說明。

這樣的觀念主要是受到一些實務上的限制所影響，因為在流行病學及生物統計學的領域中，若打算取得足夠數量的「全體隨機樣本」，那麼，要花費的成本與精力都會高得離譜。

假設現在國內流行一種致命率高達五〇%的恐怖傳染病，造成了三萬人死亡，這可算是很嚴重的大災難。必須馬上以流行病學的方法找出原因才行。可是，目前的染病人數及死亡人數還不到全人口的〇．一%。也就是說，即使從全體國民中隨機選出一萬人，也只能找到幾個染病的人，更何況其中還有一半都死了，根本無法對染病者本身進行調查，這樣便無法做出有意義的分析。

或許可以換個想法，不要從全體國民的隨機樣本中尋找染病者，而是改以所有的染病者為對象進行隨機抽樣。但如此一來，就必須有全體染病者的名單才能「從中隨機抽樣」。結果又會變成，要是有時間特地找出全部的染病者後再從中隨機挑選，應該就有時間把當下所有染病者的資料拿來逐一分析了吧。

永無止盡的爭論

因此，比起「透過隨機抽樣取得準確的推估值」，流行病學家與生物統計學家更重視「透過隨機化做出合理的判斷」。一旦被接受了社會調查式統計教育的人（或是對統計學一知半解的人）批評「由於不是隨機取樣，所以結果不可信」，便會陷入永無止盡的爭論。產生的對話大致如下——

「由於不是從全體國民隨機取樣，所以結果不可信」

「這確實是只分析了年輕人的資料，但只要年齡與吸菸風險之間不存在強烈的交互作用，我認為吸菸會造成危害這結果是不變的」

「但實際上並不知道到底存不存在這種交互作用，不是嗎？」
「有什麼理由讓你覺得老人吸菸會有益健康呢？」
「那倒也沒有，但總不能就此一概而論地說，吸菸有害健康吧？」
「所以才說這次的研究偏向年輕群體，其他年齡層仍有待今後繼續研究」
「那又怎麼能依據這樣的結果，將吸菸的危害性給一般化呢？」
「不是說了，只要不存在極強烈的交互作用，吸菸有害健康的結果是不變的嘛！」

另外，在社會調查領域所發展出來的「遺漏值填補方法」也可以帶進流行病學的推估工作中，不過，對於出身社會調查領域的統計學家來說，這樣的填補方法是「讓隨機抽樣調查達到盡善盡美的最後一步棋」，如果一開始就沒打算做到完美的隨機抽樣資料，對他們來說，就是不合格的東西。

雙方一旦討論起來，流行病學家及生物統計學家就會忍不住在心裡咒罵：「資料與推估值再怎麼精準，無法分析出關聯性就毫無意義了！」而社會調查專家則會一肚子氣：「明明資料就這麼偏頗，還敢講得如此冠冕堂皇？」

若要評斷到底哪一方才對，其實只是學術觀點的差異所造成的，重點還是要依狀況仔細考量何者的想法較恰當才是。

25 創造了「ＩＱ」一詞的心理統計學

ＩＱ亦即「智商」，連小學生看的漫畫裡都會出現這個詞彙了，想必絕大多數人都知道這個名詞所代表的意義才對。

在小說的世界裡，對於「具高ＩＱ人物」的描述多半就是「頭腦聰明的天才」，或者「頭腦聰明、但性格有缺陷的人」。這或許正反應了現實社會對ＩＱ的印象。一旦聊起愛因斯坦的ＩＱ極高這種話題，就免不了會聽到一些反對的論點，例如，人的價值是無法以ＩＱ測量的、ＩＱ測驗是歧視的根源之類的話。甚至十幾年前還有一本暢銷書，提倡的是ＥＱ（情緒智商）比ＩＱ還重要的理論。

不過，智力和身高、體重、血壓等可用物理方法實際測量的指標不同，它既看不見也摸不著。智力到底要用什麼工具、以什麼方式才能測得出來呢？又為什麼現在所用的智力測驗之類的東西能夠測量出人的智商呢？要是連這些知識都不懂，不論是崇拜高ＩＱ還是反過來抨擊ＩＱ指標，都是十分可笑的。

若想弄懂ＩＱ為何物，只要了解心理學家在這一百年來所累積的各種統計方法即可。而這也正是接下來要談的主題。

「一般智力」的發明

若想理解革命性發明的偉大之處，那麼，有種方法是進行所謂思想實驗，也就是試著想想自己會怎麼做。假設你在公司的人事部門擔任招募應屆畢業生的工作，若是被指派必須在不使用既有智力測驗的前提下「想出雇用智力高的學生的方法」，你會怎麼做？

想必有人會選擇測試應徵者對簡單指令的反應速度，也可能有人會想列出一串文字並測試應徵者能在一定時間內記住多少個字。又或是直接來個數學或國文的突擊測驗也行。實際上，在缺乏統計數據的支持下，只因某次的突發奇想就將這類測驗設定為雇用標準的企業，並不在少數。

而想辦法測智力這件事，其早在十九世紀時就已有很多人努力過了，在創立了智力研究基礎的心理統計學家斯皮爾曼於一九〇四年所發表的論文中，便曾以「美中不足的早期研究」來形容這些努力。

至於為什麼是美中不足呢？因為這些終究都只是嘗試以某種固定形式來測量應可代表智力的標準罷了。對於「智力到底是什麼？」這種問題，都只是靠研究人員的直覺來回答而已。

斯皮爾曼在這些早期研究所提出的各種智力測量方法裡挑選了幾個，然後對受測者進行測試。接著，**再分析各個「應可代表智力之指標」之間的相關性**。

所謂的相關性，就是「當一方的值較大時，其他的值也較大；當一方的值較小時，其他的值也較小」這樣的關聯性強度。高爾頓在進行先前介紹的回歸分析時，發現了「直線很符合資料分佈的狀態」與「雖然回歸平均值的現象很明顯，但直線不符合資料分佈的狀態」等不同情況。此差異可用「相關性」（Correlation）來表達，而高爾頓的追隨者斯皮爾曼則想出了計算相關係數這種指標的方法。相關係數的定義就是——以一條完美的直線來說，「當一方的值較大時，其他的值也較大」的情況就是1；反之，同樣以一條完美的直線來說，「當一方的值較大時，其他的值卻較小」的情況則是-1；完全看不出任何關聯性的情況便是0。

請特別注意，這個相關性只代表了「當一方的值較大時，其他的值也較大」這種趨勢而已，和「因為一方的值較大，所以其他的值也較大」這種因果關係完全是兩碼子事。

斯皮爾曼從這項研究結果發現到，不同智力之間存在有某個程度的相關性。此外他還發現，若賦予各指標一定的權重後再加總起來，便能得出一個與所有指標都有相關的合成變數。

他認為，若能利用被設計為各自獨立的智力相關指標，來建立出與所有指標都相關的合成變數，那麼，這個變數應該就更能代表人的智力才對。至少只要知道了這個變數，便能預測大部分智力測驗的成績。既然如此，與其分別考量各個項目，還不如只處理這個可代表潛在智力的指標就好。而斯皮爾曼稱此指標為「一般智力」（如圖表38）。

將智力分成七種的多元智能理論

斯皮爾曼所用的分析方法如今被稱為因素分析。也就是從彼此相關的多個值，建立出與這些值都很相關的合成變數。這個合成變數就稱為因素或因子（factor），而由於是將該因素抽出分析，所以稱為因素分析。

因素可視為代表「智力」等抽象概念的值，此種值本身是無法直接測量的。可是應該會存在一些與因素很相關的「可測量項目」才對。例如以智力來說，像反應速度、記憶力、計算能力等都是可以測量的，而這些應與我們所認為的抽象智力因素都有關係。

圖表 38 從「可測量項目」建立出合成變數

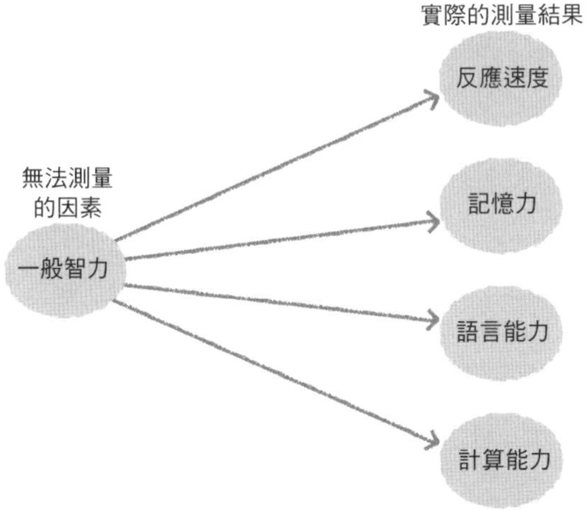

斯皮爾曼與受他影響的心理學家是這麼想的——只要能建立出與實際測量項目全都「很相關的合成變數」，或許就能有效推估出我們真正想知道的因素。

另外，因素不見得只能像斯皮爾曼的一般智力那樣是「與所有測量項目都相關的單一因素」。其實也是可以抽出多個因素的。

實際上，受到斯皮爾曼的研究所影響的心理學家，在排列組合各種測驗並進行分析時，採取的往往都不是一般智力的形式，而是會抽出多個因素來分析。

在這些研究中有個較出名的例子，就是瑟斯頓（Louis Leon Thurstone）於一九三八年所發表的多元智能理論。瑟斯頓針對各種智力相關測驗的結果進行因素分析，結果抽出了如下述七種可代表智力之因素：

①可感知空間與立體感的空間智力
②與計算能力有關的數字智力
③可理解詞句意義的語言智力
④與判斷及反應速度有關的知覺智力
⑤可進行邏輯推理的推理智力
⑥可靈活快速地進行言語表達的流利度智力
⑦代表了記憶、背誦能力的記憶智力

就以①的空間智力來說，空間智力這個因素和數學的圖形問題、拼圖、算出立體方塊個數等測驗項目的結果都很相關，但與文章及記憶相關的問題卻沒什麼相關性。

在近幾年的智力研究當中，大家依舊反覆討論著到底是一般智力好、還是多元智能好，不過，在分析許多智力測驗方法後發現，「不分領域，與所有測驗項目皆相關的因素」亦即一般智力，對所有得分都具有三〇%～六〇%左右的影響力。但一般智力到底是指什麼？至今仍未出現明確答案。

心理統計學家的想法和作法

不只限於智力而已，**心理統計學家是以測量各種「心靈」及「精神」等眼睛看不到的抽象事物為目標**。只要能夠測量，便能夠分析與精神疾病相關的原因；若無法測量，那麼，可能就連「工作的價值對工作動機的影響力大於金錢」這麼單純的假設也無法證實。

為了測量，就必須先定義自己想測量的「抽象概念」為何。例如，將「工作的價值」定義為「這份工作能讓自己覺得對社會有貢獻，且獲得正面的社會評價」，這樣應該就能想出一些與此有關的測驗問題了。

不過，心理統計學家可不會只靠自己一時的靈光乍現來製作測驗問題。他們會先訪問「覺得工作有價值的人」和「不這麼覺得的人」，確認這些人是以什麼樣的詞彙來表達此「價值」，並調查過去的研究曾提倡哪些理論、國內外是否曾進行過類似的心理學研究後，才著手進行調查問卷的內容。

而調查問卷在進行一般正常的調查之前，還要先做前測。也就是針對想要微調表達方式的幾個題目，找幾十個人來回答。然後再依據回答結果調整題目，例如，將所有人幾乎都答「Yes」，或是很多人都沒回答的無用題目去掉。

接著，與因素分析的結果相互對照，依據先前假設的因素，將太過模糊的題目或與任一因素皆不相關的題目去除。甚至等受訪者忘記問卷內容後，再進行一次調查訪問，將回答結果會不斷改變的題目也去掉。

經過這一連串程序所完成的調查問卷，便是所謂的科學量表。以因素結構為基礎所計算出之得分，應該就能代表欲測量的抽象概念了。最後只要用這個分數進行回歸分析，或是與其他值得關注的變數一起做分析即可。

另外，雖然在心理統計學中也經常用到回歸分析，不過，心理統計學家還偏好一種稱為路徑分析的方法。這種方法是將心理因素的變數之間有什麼關聯性（及其強度），以橢圓形（其實也可以用長方形）和箭頭來表示。

由於在開本浩矢所寫的《研究開發的組織行動》一書中，已實際進行過這種實證研究，在此便直接為各位介紹其部分研究結果。開本等人在分析企業研究人員的工作動機後發現，績效較高的研究人員，其動機產生過程就呈現如圖表39的關係。

其中標在箭頭旁的數值，可視為等同於相關係數的指標，亦即以-1～+1之間的值來代表相關性。另外附有星號（*）的數值則代表了 $p<0.05$，也就是具有「不太可能為誤差」的項目。

當然，他們也針對「工作價值」，也就是心理學理論中所謂的「內在動機」部分做了研究。然而結果發現，「對社會有貢獻」以及「有學習和成長的機會」等與「工作價值」有關係之因素的影響程度，在擁有高績效的研究人員中仍在

圖表 39 研究人員中，高績效群組的工作動機產生過程

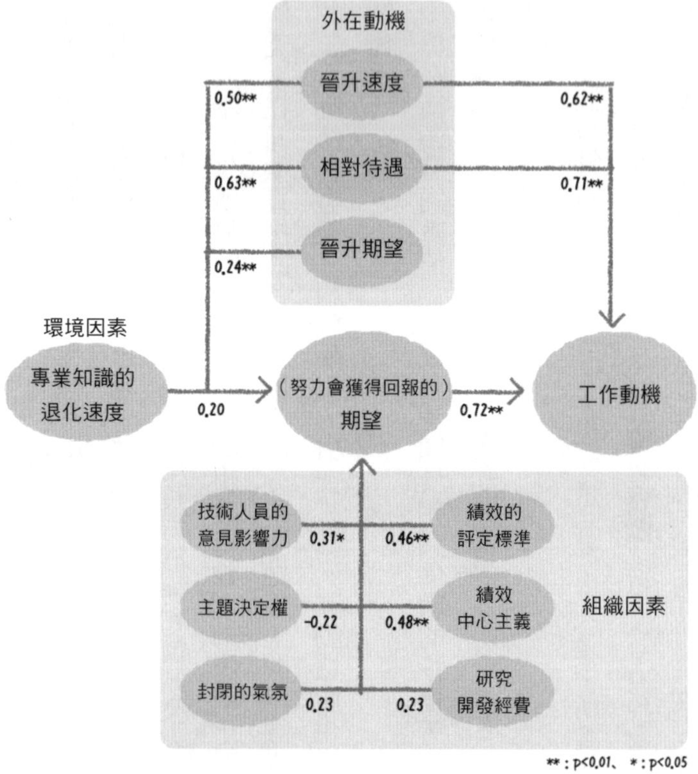

資料來源：開本浩矢《研究開發的組織行動》（中央經濟社）

誤差範圍內（但在低績效的研究人員中，有些因素呈現為明顯相關）。

於是開本等人便認為，看來績效高的研究人員多半都已充分感覺到工作價值，故若要再增加其工作動機，提供加薪及升遷等物質上的報酬會比較有效。

「問卷調查」是心理統計學家的命脈

如此費盡心力製作而成的問卷量表，若被其他統計學家當成普通的「意見調查表」，有時會讓心理統計學家感覺很受傷。

所謂的意見調查表，就只是寫出你想問的問題然後讓人回答而已，並沒有試圖以科學方式測量抽象概念。所以心理統計學家才會覺得，怎能把我苦心做的量表拿來與這種層次的東西混為一談呢？

過去我曾看過某間企業為了招募應屆畢業生所特地製作的「性向測驗」，那還真是「普通的意見調查表」而已呢。我知道公司都喜歡抗壓性強、有毅力的人，但若直接這麼問，應該沒有哪個學生會誠實地回答：「我沒有毅力」吧。而他們這個「性向測驗」也確實沒在招募工作上發揮什麼作用。身為統計學家，我很希望能有機會分析員工進入公司後的績效，跟這種「性向測驗」之間有什麼關聯性。

一般來說，許多進行市場調查、社會調查及流行病學研究等的統計學家都很容易樂觀地覺得，想要知道什麼，直接問就好了。他們認為如此得到的答案便反應了客觀事實，即使有不客觀的答案存在，也就當成是單純的誤差即可。

當社會調查或流行病學研究的問卷上寫著「在你周圍的親朋好友之中，有人吸菸嗎？」這種問題時，便單純表示研究人員想了解「受二手菸影響的人占了多少百分比？」或是「二手菸與健康狀況兩者間是否有關聯性？」等議題，但心理統計學家的想法則沒那麼單純。

這與受訪者的回答肯定都經過主觀過濾的機制不無關係，畢竟，心理統計學家百年來一直都不斷在討論包含人類主觀的心理處理方式。心理統計學家考量到「同樣是有朋友吸菸的人，有些人會意識到朋友的吸菸習慣，有些人則不會」以及「厭惡吸菸行為的人，就算有朋友抽菸，也可能因為很介意『親近』一詞而回答NO」等可能性，所以會將同樣的問題以多種不同方式提出，然後再從不同的答案中找出對應到某因素的意義。

即使在市場調查領域，學過「消費者行為理論」的人便具有心理統計學的背景，而這些人在調查方法上，有時也會和社會調查型的市場研究人員產生激烈爭論。

不過，從另一方面來看，因素分析有可能因為因素的數量、是否容許因素之間具有相關性等細微差異，而造成結果大不相同。因此，心理統計學家依照自己所想的因素結構來反覆嘗試並修正的作業，看在流行病學及生物統計學家的眼裡，簡直就像是故意作弊般。

此外，像路徑分析這種手法，也不太能證實所選模型到底是不是最佳模型。例如，假設對七個因素進行路徑分析，從中取出兩個因素的組合共有二十一種（7×6÷2），若各個組合皆分別具有「A→B」、「A←B」、「A↔B」及「A與B之間無箭頭」這四種關係，那就必須驗證八十四種模型的有效性才行。但心理統計學家不太會把所有類型都嘗試一遍。對他們來說，就算數據資料很切合實際，但只要是無法做出心理學解釋的模型，就沒有意義。

由此便可看出，為何在問卷調查項目及分析方法的處理上，心理統計學家與其他領域的統計學家之間會出現意見不合的現象了。

對ＩＱ的結論

不過，一般在日本使用的智力測驗，其實並未經過上述嚴謹仔細的心理統計學研究程序。

就以日本較常用的智力測驗方法之一的「田中比奈式測驗」來說，該測驗原本是阿爾弗雷德　比奈在一九〇五年為了找出學習能力跟不上同齡孩童的小孩，而依據對自己女兒發展過程的觀察，所建立出的測驗。也就是說，在此量表取得高分便是「天才兒童」這種判斷，並非該測驗原本的用途。

不管是心理上的量表也好、物理上的量表也罷，只要其原始定義與量表用途不一致，就等於失去了意義。想要「找出體格好的小孩」時，依據欲培育的是籃球選手或相撲選手不同，該重視的條件也會不一樣，例如，前者應重視身高，後者則該重視體重。

會導致歧視的智力測驗用法毫無意義可言，之所以會造成歧視，正是因為對智力測驗的內容沒有充分了解，就擴大解釋的關係。只要能理解其前提與限制，並依據其目標來妥善運用，那麼，不論是智力測驗還是什麼其他測驗，心理統計學都能賦予我們力量，讓我們能知道自己真正想知道的事情。

「26」做為商業用途的資料採礦

先前提到，透過與資訊科技的融合，讓統計學的影響力有了爆炸性的擴張，而所產生的結果便是與資料採礦研究相關的領域。

相對於統計學家利用資訊科技來取代手工計算的那段歷史，資料採礦技術則是因資訊科技的進步而產生。或許正是由於這個原因，在資訊科技領域中，「資料採礦」一詞才會比「統計學」還要廣為人知。就連我自己也是曾碰過客戶提出：「我們引進了新的分析資料庫工具，是不是能做點什麼資料採礦的動作呢？」這種要求，但卻不曾碰過客戶表示：「是不是能做點統計分析呢？」

若再深入詢問客戶，實際上是想解決什麼樣的難題，以及欲達成何種目的，往往會發現他們真正需要的其實是統計學方法，而非「資料採礦」。

我能了解，比起寫在老派統計學教科書裡的「回歸分析」，如果用了「神經網路」這種新穎的詞彙，感覺就是比較酷。而且一旦解釋這是「從人工智慧領域，延伸出模擬人類神經元的方式」，就更讓人忍不住覺得，這技術真的好厲害喔。

不過，只要能了解資料採礦與統計學的觀念和手法有何差異，又有何共通之處，應該就能妥善地判斷出自己目前需要的是哪種技術。

資料採礦的歷史很短

其實，資料採礦這一領域到底從何而來這個問題真的非常難回答。「資料採礦」一詞在一九九五年的ＫＤＤ（Knowledge Discovery in Database）國際會議中，以「從資料中抽取有用但非既有之知識，且並無法顯而易見的資訊」為定義之前，似乎就已有許多人將之用於各種不同情境了。

大家都知道費雪為「生物統計學之父」，但卻沒有哪個人被廣泛公認為「資料採礦之父」。這是因為資料採礦這個名詞，與其說是由學者所創造，還不如說是誕生於商業行為上會更為貼切。從事資料採礦的人，有些根本完全不具備任何統計學素養。

從統計學家於紙上玩弄方程式、針對收集而來的學生意見調查結果與動物實驗的檢查數據，用手工計算的時代開始，這些人就已握有大量的實際數據，並且從中抽出有用資訊了。條碼規格標準化、超市的POS系統開始普及是一九七〇年代的事，而資料庫業界的霸主甲骨文公司則是在一九七七年才創立。

在當時，電腦也還沒那麼普及。依據比我年長二十到三十歲左右的教師表示，在他們的學生時代，「只要寫個能執行簡單統計分析的程式，就可做為畢業論文交差了」。

「尿布與啤酒」的購物籃分析

於是乎，在資料採礦的早期階段，可接觸到資料數據的資訊技術人員與實際擔任消費市場工作的人便嘗試了各式各樣的應用。

其中最有名的，要算是一九九三年由ＩＢＭ技術人員為英國馬莎百貨所做的一種稱為「購物籃分析」的方法。對資料採礦有興趣的人，或許有聽過「尿布與啤酒」這個例子。

假設針對一千人份的「購物籃」進行調查，也就是在超市的結帳櫃台調查「是否有買尿布」與「是否有買啤酒」，結果得到如圖表40的匯總資料。其中同時買了啤酒與尿布的有二十人，只買了啤酒的有二八〇人，只買了尿布的有三〇人，兩者都未購買的則有六七〇人。

由此數據可看出什麼端倪呢？在技術人員所提出的分析中，最受矚目的應該就是「在有買尿布的人之中，有四〇％（五十人中有二十人）也買了啤酒」這個部分了。就算是和除了啤酒以外的其他商品做比較，「有買尿布的人」最

圖表 40 尿布與啤酒的購買分析①

	有購買啤酒	未購買啤酒	總計
有購買尿布	20	30	50
未購買尿布	280	670	950
總計	300	700	1000

可能同時購買的商品，仍是以啤酒為第一名。既然如此，那麼，只要針對買尿布的人推銷啤酒，或許就能夠提升營業額呢。而在此購物籃分析裡，這種「買了某種商品的人同時也買了另一種商品的比例」被命名為信心水準（Confidence）。

不過，請別急著肯定這樣的分析結果。在此調查中，買啤酒的人本來就比買尿布的人多。人類需使用尿布的期間不過短短二、三年，但許多成年男性都會喝啤酒。假設原本應有半數以上的購物籃裡都有啤酒，卻因為購買尿布的爸爸決定節制飲酒，所以造成啤酒的購買比例僅維持在四〇%，這樣一來，推銷啤酒的策略就沒意義了。

因此，購物籃分析還運用了一種叫做增益值（Lift）的指標。也就是與不限是否有買尿布的所

圖表 41 尿布與啤酒的購買分析②

	有購買啤酒	未購買啤酒	總計
有購買尿布	2	3	5
未購買尿布	298	697	995
總計	300	700	1000

有顧客的啤酒購買率（一千人中有三百人，故為三〇％）相比，有買尿布者的啤酒購買率（五〇人中有二〇人，故為四〇％）是其幾倍？這個倍數就是所謂的增益值。以此例來說，由購買尿布所造成的啤酒購買增益值是一．三三。增益值若為一以上，便表示找到了某個程度的增益，而這就是購物籃分析的概念。

可是若考慮到如圖表41的例子，便會知道這樣還不夠可靠。

和剛剛的例子一樣，在買尿布的人之中有四〇％（五人中有二人）也買了啤酒，故信心水準為〇．四。而不限是否有買尿布的所有顧客的啤酒購買率也和前一例相同，因此，增益值也同樣是一．三三。

但現在，假設同時買了尿布與啤酒的那兩個人之中，有一個突然不買啤酒了。這時信心水準便會減半為〇．二，增益值也降為〇．六七，結果變成「反而減損」。而且，如果有買尿布的人本來就很少，就算真的做出了「買尿布的人容易買啤酒」這種預測結果，對於增加營業額來說大概也沒什麼幫助。

因此，基於「數量太少的組合不予考慮」之原則，購物籃分析還採取了一個「同時購買啤酒和尿布者」占全體多少比例的指標。這個比例值就叫做支持度（Support）。圖表40的支持度為〇．〇二（一千人中有二十人），圖表41的支持度則為〇．〇〇二（一千人中僅有二人），由此便可看出兩者的差別。

與其採取購物籃分析，不如運用卡方檢定

購物籃分析的優點就在於，只要靠這樣簡單的計算就能發現某些商品的關聯性。但了解統計學的人馬上就會想到，「不是還有更好的分析方法嗎？」

Google的共同創辦人布林（Sergey Brin）便是其中之一，他在學生時代還特地發表了一篇「統計學的相關分析比購物籃分析更好」的論文。

在分析這種匯總表格的相關性時，統計學用的是做為卡方檢定的計算基礎的「卡方值」。我在介紹廣義線性模型時便已說明過卡方檢定，各位應該已經有所了解。由於只要運用卡方值，便能將費雪所說的「推估值的誤差」納入考量，因此，不需要用到支持度之類的指標，卡方值越大，增益值自然就會越大。此外，在各種商品的販賣與這兩種值變數之間，選擇卡方值較大的組合與選擇相關係數的絕對值較大的一方，意義是完全相同的。

購物籃分析必須一邊注意增益值及支持度等指標，一邊東看看西找找地研究，但若使用卡方值，就能不被誤差所矇蔽，輕鬆快速地找出關聯性強的商品組合。像Amazon網站的商品推薦，也是透過這樣的相關分析來做的。

誕生於人工智慧研究的進階技術

當然，不只是如購物籃分析這種單純的計算方法而已，資料採礦也可能用到相當複雜的演算法。例如神經網路、支持向量機、聚類分析等，這些方法想必也有人曾經耳聞。

這類方法有很多是應用於人工智慧領域的技術。而人工智慧多年來一直是電腦科學界的明星，或許就是因為擔任ＩＴ相關工作的技術人員們在學生時代曾學過，所以便經常加以應用。

人工智慧領域本身也存在好幾種想法不同的團體，而其中將人類認知能力以「分類」來歸納的團體，便常用來做為資料採礦的方法。

例如，我們人類對於家具，只要是高度適中，不論是什麼樣的形狀、形態，都能正確地認知為「椅子」。但電腦卻無法自行判斷哪個是椅子、哪個不是椅子。像這樣的認知，便可視為將家具分類為「椅子」與「除了椅子之外的家具」。

在人工智慧的方法中，「分類」可大致分為兩種。一種是「非監督式分類」，

圖表 42 各種不同形狀的椅子

另一種是「監督式分類」。

假設已取得家具的高度及重量、有多少個點與地面接觸等資料，那麼，接下來的問題便是「如何將相似程度很高的家具分類至同一群組」。若分類各種家具的方式，是利用椅子和椅子之間的資料相似度高於椅子和衣櫃之間的資料相似度，其中便可能存在一個「椅子或是在資料上與椅子類似的家具」這樣的群組。像這樣的手法便屬於「非監督式分類」，而其中有個較具代表性的方法叫做聚類分析。

聚類分析最常見的實務應用是行銷上的市場區隔。所謂市場區隔，就是將市場或顧客分割為多個相似度高的群組。不做市場區隔的行銷就像亂槍打鳥般，廣泛地製作一般性的商品再宣傳及販賣。可是顧客的價值觀及接觸的媒體種類繁多、各自不同，於是廣告與銷售費用便免不了會很高，也就等於浪費。

若能將顧客區隔後，篩選出「自認是名流的家庭主婦」與「自認是職業婦女的一般職務女性」，就能分別配合這兩個族群來針對合適的商品進行廣告宣傳了。只要針對顧客資料進行聚類分析，即可妥善劃分出這樣的市場區隔。

不過，聚類分析本身「只能做分類」，所以劃分出來的各個群組分別是什麼樣的群組（聚類），還是必須由人依據各群組的匯總結果來加以解釋才行。聚類分析是某一種市場研究人員最常運用的手法，其中有些人甚至將這項工作當成一種「傳統藝術」，往往還會替分類取一些清楚易懂的響亮名稱呢。

然而，要從家具資料中找出椅子的話，與其依據簡單的相似度來分類，還不如直接指示「這個就是椅子」，這樣應該就能正確地判別。而像這種直接指示答案的方式，便是「監督式分類」。

資料採礦專家為什麼會認為回歸模型「已過時」？

在統計學上若想採取「監督式分類」，就要以「是椅子：1」及「不是椅子：0」這種兩種值的反應變數來進行邏輯回歸分析，但有些具先進技術的資料採礦專家卻認為這種手法「已過時」或「太原始」。

這是因為回歸模型只能做「解釋變數獨立影響反應變數（不具加乘效果）」以及「解釋變數與反應變數的關聯性為線性」等類型的分析。

以椅子的重量為解釋變數來分析是否為椅子的反應變數時，若不論是一公斤的椅子與兩公斤椅子的差距，還是十公斤和十一公斤的差距，「椅子重量每增加一公斤，為椅子之機率的下降程度都相同」的話，便屬於線性關係。反之，若從一公斤增加到兩公斤和從十公斤增加到十一公斤時，對反應變數的影響程度不同的話，便是存在著某種「曲線關係」。

當然，邏輯回歸也可採取加上交互作用，並假設曲線關係的分析方式，但從資料採礦專家的角度來看，「必須要反覆試驗摸索才能分析得出來，也未免

圖表 43 運用神經網路來分析

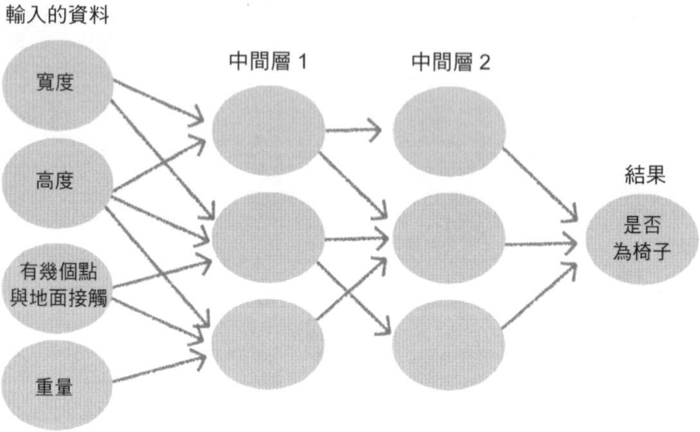

太累人了吧（笑）」。

但如果是運用神經網路或支持向量機等手法，則可直接達成識別力最高，且包含曲線關係及交互作用的分類。

例如，神經網路方法是像圖表43那樣，從輸入的資料產生出對應於「中間層」的值。你可以設定中間層的層數及中間層所包含的變數數量，但也可以從輸入的資料中，選擇要用的項目並指定各項目之權重，然後自動算出中間層。圖中那些橢圓與箭頭，就是在模擬神經細胞與細胞之間的連結。

圖表44 運用邏輯回歸來分析

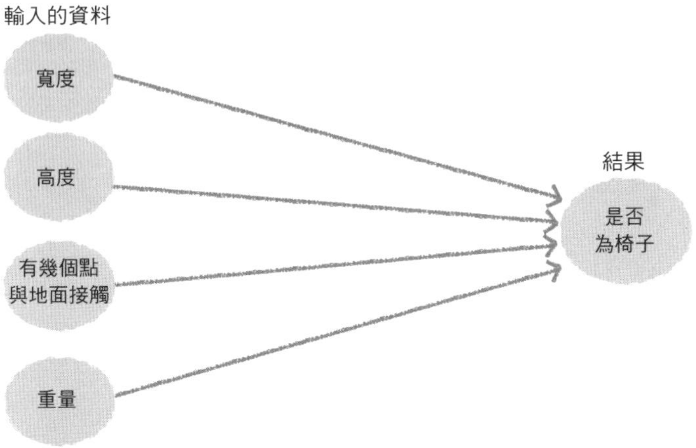

而（不使用交互作用的）邏輯回歸則是直接從輸入的資料來預測結果（請見圖表44）。這就是為何資料採礦的專家會認為回歸分析「已過時」或「太原始」的原因了。

若是運用支持向量機手法，那麼，還能夠進一步以曲線的方式做分類。

圖表45的例子是假設只靠「高度」和「重量」等資料來區別椅子與桌子，而依據靠背的有無，椅子的「高度」明顯分成了兩大群。因此，桌子的高度比沒有靠背的椅子高，但比有靠背的椅子矮。

圖表 45 運用邏輯回歸來分類

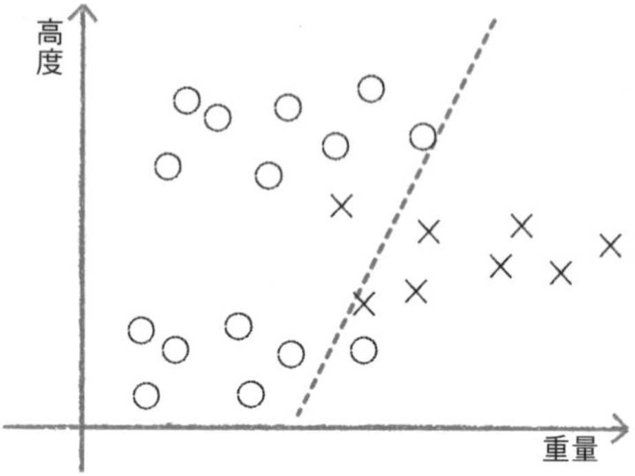

○：椅子　×：桌子

圖表 46 運用支持向量機來分類

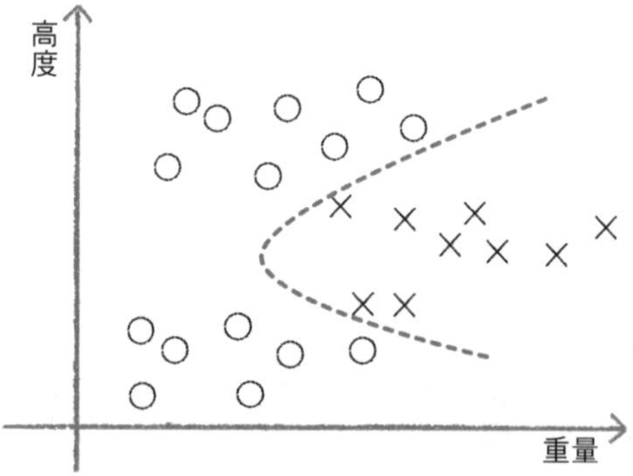

○：椅子　×：桌子

這樣的狀況，若是運用邏輯回歸來分類，就會變成依據該家具資料位於虛線的哪一側來判斷它是桌子還是椅子，而此例中，分別有一張椅子和一張桌子會因此被分錯類別。但若是運用支持向量機來進行如圖表46的曲線式分類，結果就會更為正確。

神經網路也好，支持向量機也好，只要是資料之間確實存在曲線關係或是涉及多個變數間的複雜關聯性，這些方法就會比回歸模型更有效。

有助於「預測」的資料採礦

但這樣的好處，只能在以分類或預測為目的的情況下得以享受。單純的邏輯回歸可輕易掌握原始解釋變數與反應變數間的關聯性。若將圖表44的邏輯回歸所求得的比值比列出，便如圖表47所示。

一件家具是否為椅子的機率不太會因為寬度或高度而改變，但與地面接觸

圖表 47 運用邏輯回歸求得之比值比

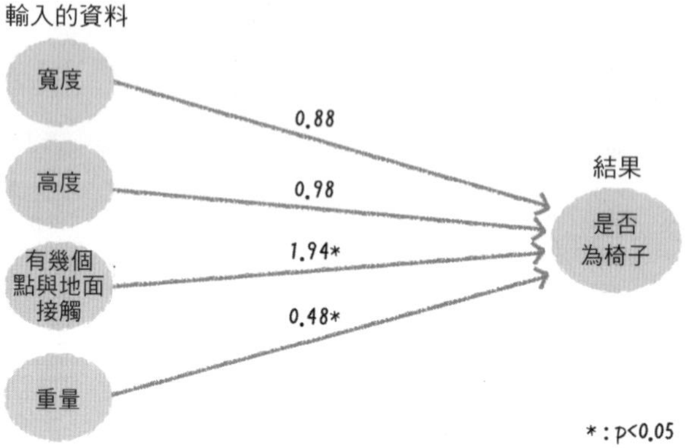

的點每增加一個，「是把椅子」的機率便增加為原本的大約兩倍。另外，重量每增加一公斤，「是把椅子」的機率則近乎減半。一旦知道了這些資訊，想必任何人都能判斷，只要選擇「較輕且與地面接觸的點較多的家具」，選中椅子的機率就比較高。而寬度和高度之所以對於正確判斷是否為椅子不太有幫助，是因為有寬度很寬的長椅型椅子，以及有些椅子有靠背、有些沒有的關係。

相對於此，神經網路複雜的箭頭能分別呈現什麼程度的關聯性、支持向量機的曲線可用什麼樣的方程式來代表等，這些結果如果單純用眼睛觀察都不是簡單易懂的東西。所以，就算預測的準確度再怎麼高，也看不出「實際上該採取什麼樣的行動」。

以市場行銷為例，假設從分析結果發現「越是來店頻率高且對品牌有良好印象的顧客，其消費額就越高」，這便暗示了可嘗試舉辦會讓顧客想常常來店裡的活動，或是多投資在能提升品牌形象的廣告上等策略。但要「在不清楚中間計算方式的情況下，寫出能預測顧客消費金額的程式」是不太可能的。

當然，像是預測顧客應會購買的商品、事先察覺哪些顧客可能會退會等，**只要目標是以預測為主，資料採礦便可確實發揮功效**。與邏輯回歸相比，預測準確度往往不過只多出百分之幾而已，但如果光是那幾個百分比的差距便會造成鉅額的利潤差異，那麼，就該選擇資料採礦。

若目的不在於預測本身，而在於**依據預測模型來討論今後該採取的行動，那麼，邏輯回歸模型是比較有用的**。充分了解這樣的差異後，再依需要分別選擇合適的分析手法，正是廿一世紀統計學家所應具備的能力。

27 用於分析語言的文字探勘

被文獻計量學所否定的「莎士比亞＝培根」理論

所謂的文字探勘，簡言之就是**以統計學來分析用自然語言寫成的文章**。而自然語言則是指如日文、英文等不屬於程式語言那種由人為書寫出來的一般語言。

不論過去或現在，文章的分析幾乎都不靠數學，靠的是歷史文獻的考據、哲學上的思辨以及文學上的想像力。在我身邊也有一些人是基於「不擅長數字」的理由而選擇進入文學院的，因為即使不擅長數字，要比較並議論莎士比亞戲劇中的表現方式與班強森（Ben Jonson）的詩也不會有什麼問題。

不過，數字被帶進文章分析領域的歷史意外地相當悠久，約莫從十九世紀開始便有人這麼做。也就是試圖透過計算文章中出現的單詞種類及長度、單一句子平均包含的單詞數等數字的方式，來掌握文學作品的特徵。而這樣的研究被稱為文獻計量學。

早期的文獻計量學研究人士也都試圖分析莎士比亞的文風。但他們並不是想知道莎士比亞戲劇之美背後的秘密，而是想驗證當時被傳得繪聲繪影的一種說法——莎士比亞其實就是法蘭西斯．培根（Francis Bacon）。

各位或許會覺得這種事有什麼好驗證的，但從十八世紀起，就一直有人不斷在討論「莎士比亞這個人可能根本不存在」、「莎士比亞或許只是某個人的筆名」這類問題。由於莎士比亞為平民出身，其相關歷史資料實在是太少，再加上身為平民的他卻相當擅長描述貴族的文化教養，所以才有人懷疑其作品或許是由其他受過貴族教育的人所寫的。

至於培根，則是與莎士比亞同一時期的偉大哲學家，只要是崇尚透過觀察和實驗，以歸納來找出真理的統計學家，肯定十分尊敬這號人物。或許正因如

為了進行形態分析，首先必須要具備已將單詞資訊有條有理地組織好了的辭典資料。而基本上，其主要處理邏輯就是在文章內搜尋與辭典資料中的單詞一致的詞彙，一旦找到一致的，就標記起來。

而我實際嘗試用Google日文輸入開發人員之一的工藤拓所製作之形態分析工具MeCab，針對「あえて断言しよう。あらゆる学問のなかで統計学が最強の学問であると。」（讓我們大膽宣告。在各種學問中，統計學是最強的一門學問。）這段文章進行形態分析，結果得到如圖表49的結果。

本來希望「統計学」可被分析成單一名詞，但這樣的結果也不算太差。而將此結果依詞性分類，便能總計出如圖表50的數據。

另外補充一下，還有一種和形態分析不同的方法叫做N-Gram，它不必使用辭典。N-Gram的作法是**以機械方式反覆分割出N個字的字串，再從其中找出單詞**。假設N為五，那麼，「統計学が最強の学問であると」這個句子便可產生「統計学が最」（第1－5個字）、「計学が最強」（第2－6個字）、「学が最強の」（第3－7個字）……「問であると」（最後五個字）等各由五個字構成

圖表 49 使用 MeCab 進行形態分析的結果

副詞	"あえて"	名詞	"統計"
名詞	"断言"	名詞	"学"
動詞	"しよ"	助詞	"が"
助動詞	"う"	名詞	"最強"
標點符號	"。"	助詞	"の"
連體詞	"あらゆる"	名詞	"学問"
名詞	"学問"	助動詞	"で"
助詞	"の"	助動詞	"ある"
名詞	"なか"	助詞	"と"
助詞	"で"	標點符號	"。"

圖表 50 將圖表 49 依詞性別匯總

詞性	出現頻率	%
名詞	7	35.0%
助詞	5	25.0%
助動詞	3	15.0%
標點符號	2	10.0%
動詞	1	5.0%
副詞	1	5.0%
連體詞	1	5.0%
合計	20	100.0%

的 Gram。

先前採取形態分析時，由於辭典資料裡沒有「統計学」這個單詞存在，所以才被分開識別為「統計」和「学」這兩個單詞。因此，若針對形態分析所完成的結果查詢是否存在「統計学」一詞，得到的答案便是「不存在這個單詞」。而以 N-Gram 分析的好處則在於，針對字數比五個字的 Gram 還少的「統計学」一詞，只要該詞確實存在於原始文章中，就肯定找得出來。使用 Google 搜尋時，即使所搜尋的單詞不很常見，也能找到相關網頁，就是因為其背後存在著大量這種 N-Gram 資料的緣故。

文字探勘的商業應用

從事這種文字探勘工作的專家可概略分為兩大類。

一類是出身文學、史學、社會學等人文學系教育的人，或是接受具這類教育背景之師資指導的人。這些人往往會為了自己的研究而運用文字探勘工具來解析歷史資料，藉以佐證其理論。

另一類專家，則是對於從資訊科技的觀點來進行自然語言處理這方面有興趣的人。這些人的立場比較接近資料採礦專家，他們所致力研究的是——原本需由人工一一確認才能確實達成之形態分析作業，能改用機械式的演算法來快速且正確地進行。

例如，不只是單純找出與辭典資料一致的單詞，他們想更進一步研究如何利用前後的單詞資訊來提高推估的準確度。此外，他們還經常針對形態分析的結果進行資料採礦研究。

而這種技術在商業領域中的歷史相對較長的例子，就屬客戶支援中心的詢問內容分析了。只要針對電話客服與客戶通話後所寫的報告，以及客戶寄來詢問問題的電子郵件內容，進行常見單詞總計與聚類分析等處理，便能找出「客戶最常詢問哪種問題」。知道了客戶最常問哪些問題，便能藉由整理並提供應答手冊及ＦＡＱ，來降低客服的人事成本。像這樣的處理方式，在包括ＩＢＭ

等各個企業裡都早已行之有年。

甚至有些公司還進一步引進更新的系統，可針對客戶寄來的詢問電子郵件自動進行形態分析，然後將可能與信中出現的關鍵詞有關的ＦＡＱ顯示於客服人員的操作螢幕。如果對於大部分的詢問，客服人員都只需拷貝、貼上系統所建議的ＦＡＱ內容，肯定就能省去很多麻煩。

另外，對於出現於意見調查表中，開放自由填寫的單詞加以彙總，也是這種技術常見的應用方式之一。

畢竟，顧客人數一旦增多，就很難一一讀完所有經過自由填寫方式提供之意見，若能透過形態分析總計出單詞的出現頻率，便可輕鬆掌握整體概況。

近年來，文字探勘的應用已不再侷限於企業所收集到的客戶詢問與意見調查內容，更開始應用在由社群網路服務（SNS, Social Networking Service）所產生的大量文字內容上。只要是含有公司名稱及商品名稱的部落格文章或推特的推文，都是重要的「顧客意見」，就算很難全部看過，只要利用文字探勘技術來掌握整體概況，或許就能發現新的產品構想，或是很棒的行銷活動創意。

充分活用文字探勘的關鍵就在於其他的統計知識

然而，從統計學家的觀點來看，文字探勘領域的共通問題就在——他們往往太過專注於自然語言。

進行形態分析，確實能將文章這種非結構化的資料，轉換為代表單詞出現與否的虛擬變數。而透過此方式便能對文章進行統計處理可說是一大進步，若只是以簡單的彙總及分類來掌握整體概況，那就真的是太浪費了。文章裡有哪些單詞、又是以什麼樣的組合出現等資訊，即使可全部轉成數量龐大的解釋變數，但這些通常都不是我們所要的結果。

不過，在日本商業領域的實際應用案例中，已有人嘗試透過文字探勘技術來連結實質利益了。

例如，有一種研究是針對營業日誌進行文字探勘，然後分析成功案例與失敗案例之間存在著什麼樣的單詞出現頻率差異，希望能藉此減低機會損失。另外還有人對出現在有價證券報告書中的單詞進行文字探勘，並分析後來破產與沒破產的企業之間，存在著什麼樣的單詞出現頻率差異。甚至更有人以顧客對店家的忠誠度為題，針對顧客在意見調查表中，自由填寫對店家感覺的部分做文字探勘，然後分析哪種單詞與忠誠度最為相關。不論是上述何者，都不只是匯總了文章中單詞的出現頻率而已，更分析了與文章以外某個反應變數的關聯性，因此，才得以找出可產生價值的策略。

文字探勘背後的技術雖然十分先進及複雜，但在應用方面，任何人都能靠著操作工具而輕鬆做到。至於如何能讓文字探勘處理的結果產生價值，其關鍵則在於除了文字探勘以外的統計知識。

28 著重演繹的計量經濟學與著重歸納的統計學

統計學與計量經濟學在「表面上」的差異

所謂的計量經濟學家，是指在經濟學領域中運用統計學的專家，然而，計量經濟學與統計學的分界可能不是那麼容易看得出來。

若是在幾十年前，我們或許可以直接判別「研究社會及經濟事務的就是計量經濟學家」、「從事農業及醫療相關研究的就是生物統計學家」，但從生物統計學所發展出來的方法，現在已運用於許多其他領域，就連計量經濟學家也不例外。或許應該說，時至今日，特別把費雪及皮爾森所創的手法與觀念歸類為「生物統計學」反而是比較少見的。除非有明確區隔為心理學或社會調查等

圖表 51 線性關係

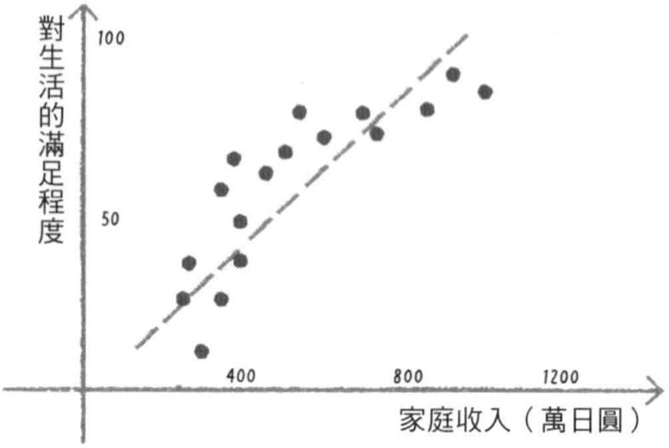

領域，否則，一般所謂的「統計學家」，絕大多數都受過以費雪等人的生物統計學為背景的統計學訓練。

例如，以目前是否處於受雇狀態為反應變數，並以受教育的年數及過去的家庭收入、種族、居住地區等社會屬性為解釋變數來進行的回歸分析，除了計量經濟學家會做之外，社會學領域的統計學家也可能會做。但即使如此，計量經濟學家在統計學領域中仍有著相當特殊的立場。

如果要舉出計量經濟學與統計學在表面上的差異，那大概就是**比起一般統計學家，計量經濟學家對於包含交互作用的變數，在選擇上通常更嚴謹一些**。還有，他們往往不

圖表52 曲線關係

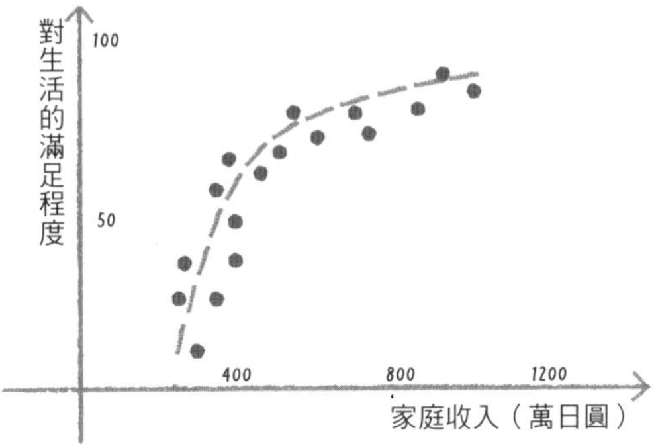

只認為解釋變數與反應變數之間具有線性關係，而會考慮兩者之間可能存在著曲線關係（也就是先前我在介紹資料採礦與統計學的差異時所提到的）。例如，只單純以家庭收入為解釋變數、以對生活的滿足程度為反應變數來進行回歸分析，假設所求得之回歸係數相當於「年收入增加一百萬日圓時，對所有人都有平均相同的效果」（請見圖表51）。

但若仔細觀察此圖表便會發現，「年收入從三百萬日圓增加至四百萬日圓的情況，與從九百萬日圓增加到一千萬日圓的情況，對生活滿足程度的影響是不一樣的」。也就是說，曲線圖似乎更符合家庭收入與生活滿足程度之間的關係（請見圖表52）。而推估出代表此曲線的方程式，就等於是推估出「曲線關係」。像這樣的推估，往往會使用「家庭收入的平方」或者「log（家庭收入）」做為回歸分析的解釋變數。

此外，許多統計學家會針對兩種值的反應變數使用邏輯回歸，但計量經濟學家卻偏好使用所謂的「概率回歸方」法。概率回歸比邏輯回歸更符合數理規則，然而，所推估出的回歸係數並不是像邏輯回歸的比值比，也就是「約為X倍」那種形式，也就是說，其推估結果具有難以靠直覺解釋的瑕疵。

還有先前曾介紹過統計學家為了進行因果推論，會使用所謂的傾向分數，但在同樣狀況下，計量經濟學家則偏好使用處理效果模型，或是一種名為Heckit的方法。Heckit是諾貝爾經濟學獎得主詹姆斯・赫克曼（James J.Heckman）在一九七四～一九七九年間所發表的一連串論文中所提出的方法。而至今為止，我還不曾看過有哪位不具經濟學背景的統計學家使用這種手法。

統計學與計量經濟學在「本質上」的差異

不過，上述那些都只是表面上的差異，重要的還是藏在背後的理念。

其實經濟學與統計學這兩門學問，乍看之下或許都是「分析存在於社會上之數字的學問」，但在某個層面上卻完全相反。雖然計量經濟學在經濟學之中，已算是基礎觀念相當偏向統計學的領域，但仍不足以消弭兩者在理念上的差異。

所謂的相反理念，就是指這兩門學問分別以「歸納」及「演繹」為中心建構而成的。

一般而言，科學上的推論形式可大致分為歸納與演繹兩種。

簡單來說，**歸納就是收集眾多個案然後推導出通用規則的作法，演繹則是以某個事實或假設為基礎，再透過邏輯推理來得出結論的方式**。

費雪的門徒C．R．拉奧曾說過：「統計學的發展，讓歸納式推理的不確定性得以量化，而使得推理更為準確，並進而為我們的思想帶來重大突破」。

所謂的資料，其實就是將多個個案統整為清楚易懂的狀態，因此，統計學的目的就是進行歸納式的推理。而在這種情況下推估出的回歸模型等結果，就相當於「收集眾多個案後推導出的通用規則」。

另一方面，牛頓的力學則可列為演繹方面的代表。牛頓只假設了三個與力有關的法則，便成功解釋了從棒球到太陽系行星等世上絕大多數的運動現象。

而他所假設的三個法則分別為：

①所有物體，只要未受到外力影響，其速度（的快慢與方向）就不會改變。

②物體一旦受力，便會沿著該施力方向產生加速度。而加速度會與力量大小成正比，與物體的質量成反比。

③力是由物體的相互作用所產生，一方物體受的力與另一方物體受的力，方向相反、大小相等。

必須注意的是，這些法則本身的真偽是無從評斷的。

例如第一個法則，若換句話說，意思也不過就是「能讓物體的速度產生變化的是力」罷了。當然，也許有人使用「力」這個字時要表達的意思並不一樣，但對於「牛頓今後使用『力』這個字所要表達的便是這個意思」的這項聲明，我們是無從評斷對錯的。

牛頓所提出的第一個運動法則，其實也不過就是提出一個「不至於會引發異議」的討論前提而已。可是運用由這項簡單假設所求得之公式，若擴大演繹，便能充分說明所有物體的運動現象。而透過這樣的理論建立，以觀察及實驗為基礎的理論實證，亦即歸納式推理所應有的目標方向，也因此得以形成。

像牛頓這樣，以簡單的假設逐步建構出能解釋世上一切之理論體系的漂亮手法，不僅影響了物理學領域，也影響了之後所有領域的學者。

例如，馬克思建構出共產主義的理論基礎，就提出了人類社會也和自然界一樣存在有客觀法則，人類歷史光靠生產力的發展，便足以說明的唯物史觀。另外，在費雪之前有一位統計學家叫阿道夫　凱特勒（Lambert Adolphe Jacques Quetelet），他認為人類的行為或許也和天體的變化一樣可以推導出某種規則，故以社會物理學為名，收集了許多與人有關的資料。說不定高爾頓也是想透過以數學來描述達爾文進化論的方式，進而成為生物學界的牛頓呢。

追求更理想模型的計量經濟學家

這些人的努力大多沒有成功，除了物理學以外，採用牛頓的研究方法而獲得成功的少數學問之一，就是經濟學。

正如牛頓以「所有物體，只要未受到外力影響，其速度就不會改變」為假設，經濟學家亦依據「各種經濟活動都不過是以物易物的交換行為罷了」、「消費者會選擇可以最大化預期效用（滿足感等）的行動」等假設，再透過與儲蓄等行為有關聯性的聯立方程式來反覆演繹，藉此說明個人及社會的均衡狀態。

或許就是因為這個原因，計量經濟學家才會經常利用回歸分析的結果來進行推估。對流行病學家而言，只要確定吸菸會有罹癌風險便已足夠，而進行「如果這樣的風險推估確實正確無誤，這會對全日本造成多大的損失呢？」這種演繹，則是計量經濟學家的工作。我曾在第18章提過，吸菸行為在日本每年造成七兆日圓以上的經濟損失，而這就是計量經濟學的推估結果。

例如，假設已求得依性別、年齡、有無吸菸等條件來推估罹癌風險的模型，那麼，就能根據目前的性別及各年齡層吸菸率，來演繹現在吸菸會造成的未來罹癌人數。接著，若再加上癌症病患的醫療費用資料，便可進一步演繹出「因吸菸而導致的額外醫療費用」這種經濟損失。

只不過，要推導出這樣的最終經濟損失，還必須是在「即使將年齡與性別也納入考量，此回歸係數仍可正確適用於其他群體」以及「一位癌症病患所需之醫療費用於今後都不會改變」這些假設前提都成立的情況下才行。

雖然流行病學家及生物統計學家是透過歸納的方式來導出通用規則，但基於「無論如何既不是隨機樣本，也包含誤差，所以無法確定其他群體的狀況是否完全符合此回歸係數」這類理由。他們對於通用的部分，相對來說是持保留態度的。或者依據部分計量經濟學家的說法，甚至是到了「膽小」的地步。正因為膽小，所以總是以「僅限於此調查之目標群體」為範圍進行不會犯錯的因果推論，而且提出報告結果時，還要先註記「應用於其他群體時請特別小心」。對他們來說，只要能正確推論出所關注的原因與結果之間的關聯性即可，至於將包含性別及年齡等其他變數的模型，應用在全體國民時的有效性，則不重要。

然而，**對計量經濟學家來說，無法成為演繹目標的模型，便對經濟學的進步毫無助益**。因此，他們比流行病學的學者更積極地運用各種方法，試圖建構出適用性高的理想模型。分析以隨機取樣方式得到的社會調查資料，也是其中一種作法。只要能建立出更好的模型，從今以後，因演繹而導致錯誤結論的可能性便會降低。但就算模型的適用性再怎麼高，這些人似乎對於無法以聯立方程式形式來表示的東西（例如，神經網路的分析結果）不太感興趣。

此外，在赫克曼的處理效果模型與傾向分數之間，似乎也看得出「為了運用演繹方法而建立的模型」，以及「為了調整扭曲因果關係而建立的模型」的思維差異。

和隨機對照實驗一樣，傾向分數的分析是為了達成「除了所關注之因素之外，其他條件幾乎都相同」的假設。而將傾向分數用於回歸模型，藉以正確分析多個解釋變數對反應變數的影響，主要是受到哈佛大學教授羅賓斯等人於一九九四年所發表的論文影響。但其實赫克曼早在一九七〇年代就已提出這種回歸分析方法，而且之後還一直持續不斷地改善其技術細節。

即使如此，也並非就如部分嘴巴惡毒的計量經濟學家所說的：「統計學家的研究水準比經濟學家慢了二十年」。因為對流行病學家及生物統計學家來說，若利用傾向分數進行分層分析，便可視為已達成如隨機對照實驗般的「其他條件平均相等」狀態，那就足以完成因果推論了。可是對計量經濟學家來說，「公平比較」本身並非目標，那只是為了演繹而求得更理想模型的一種手段罷了。

影響力漸增的計量經濟學

絕大部分的統計學家都十分強調要儘量減少假設。畢竟，原本的假設一旦有錯，因果推論的結果就很可能是錯誤的。

從另一方面來看，若假設在某個程度上是正確的，那麼，便能透過演繹從資料中推導出更多資訊——這點亦不容否認。統計學應是能夠有效地驗證這些假設的正確性，不過，統計學本身也是可以不做任何假設就絕對正確的東西。

計量經濟學也好，統計學也罷，重要的不只是推論結果而已，還必須了解其背後有著什麼樣的假設，以及該假設又具有什麼程度的正確性。若能充分了解這些道理，那麼，推估過程中所使用的方法等都不過是枝微末節的問題。

此外，計量經濟學這個結合了演繹與歸納、理論與實證的重要領域，是最近才在經濟學中取得了穩固的地位。經濟學界領域中的重量級人物——凱因斯（John Maynard Keynes），將運用了統計學方法的計量經濟學描述為「有如黑魔法般的詭異學問」。在經濟學界裡，計量經濟學是被視為是一種不論好壞與否都「缺乏理論的測量」。由此可看出，對經濟學來說，理論有多麼地重要。

就如統計學成為「最強的知識」般，計量經濟學也因數據資料的齊備與資訊科技的發展而變身為強大力量。或許在今後，經濟學的各種理論將進一步獲得計量經濟學的實證，進而使我們的社會更加豐富。

29 貝葉斯派與頻率論派在機率觀念上的對立

到此為止，我已介紹過社會調查與心理統計學、資料採礦與計量經濟學等各個領域在統計方面的觀念差異，最後則要介紹同時存在於各領域、但在「機率觀念」上的對立意見。

這是頻率論學者與貝葉斯論學者之間的對立。若要單純解釋兩者間的差異，就是**「事前先假設某個機率」**和**「不假設機率」**的差異。

為了理解這兩者的不同之處，讓我們假設這裡有兩種硬幣。一種是正面與反面出現機率各半的「真正硬幣」，另一種則是正面出現機率為八成，反面出現機率為兩成的「老千硬幣」。兩種硬幣不論是在外觀還是重量上都無法區別，所以要透過總計並分析丟擲出正面或反面次數的方式，來判斷是哪一種硬幣。

頻率論派的想法較單純

假如頻率論派，也就是以費雪的思考方式為基礎的統計學家，在十次的丟擲實驗中得到了十次都出現正面的數據。那麼，這個硬幣是真正的硬幣嗎？費雪應該會先假設這個硬幣是真正的硬幣。然後以此假設為基礎，計算出丟十次全都出現正面的機率。亦即「正面出現的機率為二分之一，而碰巧十次都出現正面的機率為二的十次方分之一，相當於只有〇・一%的機率」。這個算式和算出第14章所介紹對奶茶很講究的女士「若是隨便亂答，卻恰巧十杯都答對的機率」是一樣的，這個〇・一%的機率便是所謂的p值。也就是說，與其考慮這種機率的奇蹟有可能發生，將「這個硬幣是真的」這項假設以「不太可能成立」為由加以推翻，才比較合理。

若假設「這個硬幣是老千硬幣」，以剛剛的方式計算便為「當正面出現的機率為二〇%時，碰巧十次都出現正面的機率是一〇・七四%」。p值為一〇・七四%的話，就不算是什麼奇蹟般的機率了。所以此假設無法被推翻。

「是真正的硬幣」這項假設被推翻了，而「是老千硬幣」的假設無法推翻，顯然將這個硬幣判斷為老千硬幣比較合理。用更簡單的方式想，只要算算看連續丟擲硬幣一萬次會出現幾次正面即可。照理來說，真正的硬幣應該只會有五千次左右是出現正面的，老千硬幣則會有八千次左右出現正面。**所謂頻率論，就是以「幾次當中會出現幾次」這種「頻率」來理解機率的**。而且這時真正硬幣擲出八千次正面的p值，和老千硬幣只擲出五千次正面的p值都明顯較低。

貝葉斯派會考慮「先驗機率」與「後驗機率」

如果是由貝葉斯派的人來判別這個硬幣，則會先在毫無任何資訊的狀態下，考慮此硬幣為真正硬幣或老千硬幣的機率。而這個機率叫做先驗機率。先驗機率可以設定為任何值。只因為丟硬幣的人長相兇惡，就認為有7：3的可能性為老千硬幣，對貝葉斯派來說也不成問題。不過，在此先假設機率為各半，並與剛剛一樣由「丟十次，十次都出現正面」的結果來推測。

當硬幣為真正的硬幣時，十次全都出現正面的條件機率，和為老千硬幣時十次全都出現正面的條件機率，計算方法與頻率論相同，故分別為〇・一%和一〇・七四%。不過，貝葉斯派接下來的算法就不太一樣了。

貝葉斯派會分別針對是真正硬幣或是老千硬幣的情況，將先驗機率乘以條件機率。以此例來說，便要進行如下述的計算——

①為真正硬幣的先驗機率×為真正硬幣時十次全都出現正面的條件機率
＝50%×0.10%
＝0.05%

②為老千硬幣的先驗機率×為老千硬幣時十次全都出現正面的條件機率
＝50%×10.74%
＝5.37%

只要是除了真正硬幣和老千硬幣以外再沒別的選項，那麼，為真正硬幣的機率和為老千硬幣的機率加起來都一定是1，即使是「十次全都出現正面」的情況也不例外。也就是說，①和②的值加起來應該要是1才對。

再說得更仔細一點，①「丟擲真正的硬幣而連續十次都出現正面」的機率〇．〇五％，和②「丟擲老千硬幣而連續十次都出現正面」的機率五．三七％相加的結果為五．四二％。這是在丟擲硬幣前，針對「為真的硬幣或老千硬幣的機率各半時，連續丟擲十次都出現正面的機率為多少？」的回答。

若問題是「在連續丟十次硬幣都出現正面的情況下，硬幣連續十次都出現正面的機率為多少？」答案當然是一〇〇％。這問題就跟「人類為人類的機率是多少？」一樣。只要回答時不陷入哲學性思考，任誰都會直接回答一〇〇％。

因此，如果問題是「在連續丟十次硬幣都出現正面的情況下，此硬幣為真正硬幣的機率是多少？」那麼，只要考慮〇．〇五％這個機率占了本來應該為一〇〇％的五．四二％的多少比例即可。如果問題是「在連續丟十次硬幣都出現正面的情況下，此硬幣為老千硬幣的機率是多少？」也同樣只要考慮五．三七％這個機率占了五．四二％的多少比例就行了。

圖表 53 貝葉斯派的機率計算方式①

	真正的硬幣	老千硬幣	合計
先驗機率	50.00%	50.00%	100.00%
條件機率	0.10%	10.74%	
先驗機率 × 條件機率	0.05%	5.37%	5.42%
後驗機率	0.90%	99.10%	100.00%

因此，分別用①、②的值除以①和②相加所得的五・四二%。如此一來，「丟十次全都出現正面時，此硬幣為真正硬幣的機率」便為——

①÷（①+②）＝0.05÷5.42＝0.90%

而「丟十次全都出現正面時，此硬幣為老千硬幣的機率」則為——

②÷（①+②）＝5.37÷5.42＝99.10%

也就是說，依據貝葉斯派學者的判斷，從十次全都出現正面的實驗資料可得知，此硬幣有九九・一%的機率為老千硬幣。像這樣以先驗機率及數據資料為基礎所計算出的機率，便稱為後驗機率。

在此將上述計算結果整理成如圖表53。

另外補充一下，貝葉斯是一位牧師，他將這種機率概念寫在一篇短文裡，而在他死後，其想法才由數學家拉普拉斯（Pierre-Simon marquis deLaplace）發揚光大。

與計量經濟學志同道合的貝葉斯統計

以目前為止介紹過的領域來說，在社會調查、流行病學、生物統計學及心理統計學領域中，頻率論學者較多，但計量經濟學者則有愈來愈多人加入貝葉斯派，資料採礦專家則無特別偏好，不過，應該算是較偏貝葉斯派。

同為統計學家，頻率論派與貝葉斯派的對立根深蒂固，對頻率論學者而言，「設定先驗機率」這種想法實在是令人難以接受。

只要設定不同的先驗機率，便會算出如九九．一％等不同的老千硬幣後驗機率。他們認為，以此方式也能求得的機率到底有什麼意義？

然而，貝葉斯派想強調的則是，即使一開始是以真正硬幣的可能性是九

圖表 54 貝葉斯派的機率計算方式②

	真正的硬幣	老千硬幣	合計
先驗機率	90.00%	10.00%	100.00%
條件機率	0.10%	10.74%	
先驗機率 × 條件機率	0.09%	1.07%	1.16%
後驗機率	7.57%	92.43%	100.00%

〇%為先驗機率，再從「十次全都出現正面」的數據資料所推導出的後驗機率是「老千硬幣的機率為九二．四三%」，這代表先驗機率會造成的影響很小（請見圖表54）。

此外，在只能丟擲三次硬幣的情況下，頻率論派只能提出「無法判斷是哪一種」的結論，但若採用貝葉斯派的思考方式，至少仍能判斷為哪一種硬幣的可能性較高。

因此，愈是「不允許錯誤」、要求保守判斷的領域，愈會傾向於以頻率論為基礎。例如在醫療領域裡，「是否該核准這個新藥的使用」等這類判斷，便屬於不容許錯誤的事項之一。把醫療保險這種「大家的錢」用在毫無效果的藥劑上，不僅在道德上不被允許，還可能是人命關天的事。

所以，此類研究甚至不允許以回歸模型做調整或是使用傾向分數，只認同隨機對照實驗以及難以視為誤差的效果，這算是國際共通常識。在這種不允許犯錯的判斷上，根本不可能做出「先假設有效與無效的可能性各半」這樣的先驗機率。任何可能誤導因果關係的假設，都必須極力避免才行。

即使是長年來不辭辛勞地建立眾多國家公共數據資料的社會調查統計學家，也可能因「先假定失業率為三％」之類的假設而犯下錯誤，因此，在本來就是以大量隨機樣本取得理想推估值為前提的社會調查領域中，採取貝葉斯的思考方式並沒有什麼好處。頂多是在以人口稀少地區或少數族群為調查對象時，偶爾會用到貝葉斯派的方法而已。

至於頻率論派與貝葉斯派何者較適合演繹推論，這點可從近年來，計量經濟學家愈來愈多人傾向貝葉斯派的現象看出端倪。就貝葉斯派的思考方式來說，**只要先假設好「先驗機率」，便能從數據資料演繹出可能的資訊**。

經濟學擁有在百年以上演繹歷史中產生的眾多理論模型。對經濟學家而言，現在可得到的數據本身固然重要，但也該信賴由百年以上歷史所培育出的理論。

因此，與其只用「缺乏理論的測量」所求得的資料來對應回歸模型，「若以理論為基礎，則回歸係數有多大機率會存在於什麼樣的數值範圍內」這種可假定先驗機率的貝葉斯式推估方法，才能更有效地運用理論。

其實，經濟學的理論原本就是採取曲線式的模型觀念，所求得的也是「理論上圖表只能取得這樣的值」等結論。所以在推估這些模型時，即使單純就數理層面而言，貝葉斯派的推估方式仍比較能發揮作用。

在垃圾郵件的判別上大顯神威的貝葉斯統計

另外在資料採礦的領域裡，也存在著貝葉斯派的方法。其中最著名的，莫過於判別垃圾郵件用的演算法了。

舉例來說，假設依目前為止的資料看來，在一般人收到的電子郵件中有一成的比例為垃圾郵件。接著，一一觀察一般郵件與垃圾郵件的主旨，發現有一成的垃圾郵件主旨包含「Britney」這個字；亦即內容為小甜甜布蘭妮的免費色情影片或八卦新聞等。當然，一般人會特別用英文主旨來寄送和與小甜甜布蘭妮有關郵件的機率不到所有郵件的○・○一%。

在這種情況下，若以「郵件主旨中是否包含Britney一詞」來判別，便如圖表55所示，透過和先前計算老千硬幣機率一樣的算法，可求得九九・九九一%的垃圾郵件後驗機率。

這種作法和藥物的核可不同，它是以「稍微出錯也無所謂，只要能迅速達成某個程度的正確率即可」這種觀念為基礎。

要是以頻率論為基礎，也可在累積足夠的電子郵件後確認「郵件主旨中包含Britney一詞的郵件為一般郵件的機率極低」，不過，就儘早擺脫垃圾郵件而言，貝葉斯式的思考方式會比較好。反正可以在後續的使用過程中一點一滴地修正，分類錯誤的問題就能逐漸減少了。

正如先前所討論的各領域觀點一樣，貝葉斯與頻率論並無孰是孰非之別。在需要透過有限資訊與假設來追求「效率」時，就採取貝葉斯派的方式，而「想

圖表55 若以貝葉斯派的手法判別垃圾郵件…

	普通郵件	垃圾郵件	合計
①先驗機率	90%	10%	100%
②信件主旨中包含「Britney」	0.01%	10%	
①×②	0.009%	1%	1.009%
後驗機率	0.009%	99.991%	100%

盡量降低錯誤的可能性」或「有充足的資料可供運用」時，則以頻率論派的方式求得p值較佳。

當統計學可應用在這麼多的領域時，要理解與自己不同領域、以不同想法運用的統計方法是相當不容易的。但若只是因為與自己所學的統計學觀念不一樣，就予以否定或做出不正確的批評，那就非常可惜。與其排拒，還不如徹底了解像本章所介紹的各統計學家之間的觀念差異，然後依照需求，加以運用不同立場所孕育出的智慧，才是比較聰明的作法。

雖然統計學本身是最強的知識，但若想令其威力更加堅若磐石，就必須全面地熟悉各種統計觀點才行。

PART 07

統計學，讓你得以站在巨人的肩膀上

30 用統計學找出最佳解

若能充分理解本書到目前為止所寫的內容，應該就已經能看懂絕大多數以統計學形式呈現的資料，並掌握其應用限制。

建立了近代物理學的牛頓曾說過一句名言：「如果說我能看得比別人遠，那是因為我站在巨人的肩膀上。」這裡所謂的巨人，就是指「前人的智慧」。與其只靠自己絞盡腦汁仍想不出答案，若能好好學習前人所累積的智慧並立於其上，就能夠看得更遠。即便是天才如牛頓皆是如此，我們又怎能例外呢？

全球有許多專家學者窮盡一生，揭開了各種事實、累積了許多智慧。而且正如我已反覆提過多次的，這些智慧很多都是以「回歸係數」及「p值」等的統計形式來呈現。因此，統計知識能讓你迅速且正確地運用這些智慧，最後，更能引導你站上巨人的肩膀。

在最後一章裡，要為你介紹可將統計學素養實際應用於人生的實證方法。

實證的層級

正如我在第3章提過的，所謂實證就是科學根據。現代醫學被稱為實證醫學（Evidence-Based Medicine, EBM），亦即選擇以實證為基礎的治療方法，另外，也誠如先前提過的，歐美國家在教育及政策決定方面也出現愈來愈多要求重視實證的法律與規則。

說到科學根據，就免不了要討論透過科學研究所獲得的結果是否都可視為實證的問題。事實上，實證並不是全都平等一致。從幾乎正確無誤、確實可信的證據，到僅供參考的假說等級，實證本身便存在著各種層級。

其中屬於最低層級的便是「專家意見」與「基礎實驗」。

就實證而言，專家意見只具備極低的可信度應該不需要我再多加說明了。而基礎實驗則是指在試管中進行的生物化學等實驗，或是只用了老鼠或猴子的動物實驗。

到目前為止，我個人聽過最令人難以置信的實證是「雞蛋對憂鬱症有效」的「實證」。在與憂鬱症有關的動物實驗中，有一種常見的實驗是「讓老鼠在水槽中溺斃」，據說老鼠在掙扎一段時間後，便會陷入無助感而不再掙扎，和人類罹患憂鬱症時的情況幾乎一樣。而依據實驗結果，持續餵食老鼠一個月的雞蛋後，牠掙扎的時間是沒有未餵食雞蛋的老鼠的一．三倍長。

雖然在道德層面上，這種動物實驗方式讓人很不舒服，但更重要的是，將老鼠溺死前的放棄心理，當作人類憂鬱症來研究治療方法這點，想必會讓很多人都心存懷疑。

除了這種動物實驗的結果外，不知為何，在電視及雜誌等媒體上也充斥著明明只有「這是在大腦裡形成○△作用的成分」或是「這是在身體裡製造○□的成分」等證據，卻能發展為「攝取這種營養素對身體有益」這類的言論。但這就和吃頭髮不能治禿頭一樣，直接攝取某些在身體中具有某些作用的成分，效果非常有限。畢竟，食物會經過胃、腸的分解，被肝臟、腎臟代謝，而連接大腦的血管也具有血腦屏障的機制，以避免不需要的物質流入。

正因為如此，製藥公司為了讓基礎實驗的結果能夠商品化，才會投入多達數百億日圓的經費來研究以什麼樣的化學結構和給藥方法，才能使這種成分到達目標臟器，而且既可發揮效果又不會對人體產生危害。其實在這樣的研究過程中，有很多基礎實驗的結果，根本還沒到達最後的隨機對照實驗階段就被趕鴨子上架。

因此，跳過這樣的程序，只依據基礎實驗結果就粗糙地提出「有益身體」、「有益大腦」之類的結論，那也未免太瞧不起人體及醫學，甚至是基礎實驗本身了。基礎實驗的累積確實可生產出有待證實的重要假設，但光是這樣還不足以用在人類及社會身上，科學沒有那麼簡單。

最高層次的實證為「系統性回顧」與「整合分析」

那麼，什麼樣的實證才是理想的實證呢？

應用於人類的實證應該重視的是「在實際狀況中，針對一定數量的人類分析而得到的結果」。各位應該已經知道，流行病學的觀察研究與隨機對照實驗便屬於這樣的研究方法。此外，前面也提到過隨機對照實驗所呈現的結果，除了一個問題以外，幾乎都毫無疑問是可信的「合理因果推論」。

隨機對照實驗唯一的問題就在於，將人類做為研究對象時，通常都不會是從全國人民或全人類中選出的隨機樣本。就算可確實的在大學生、醫生或七十歲以上的老人等有限群體中，做出合理的推論，仍免不了會受到「不見得適用於其他群體」的批評。

因此，才會出現系統性回顧（systematic review）與整合分析（meta-analysis）。

所謂的回顧，就是指整合多項研究然後描述出結論。例如，有學者對電玩遊戲與青少年犯罪之間的關聯性感興趣，應該就會很清楚，這項議題到目前為止已有哪些人做過哪些研究，以及研究結果等資訊。而將這些資訊加以整理並介紹，然後發展出自己的理論，可說是每位學者不論撰寫任何文章都會做的事。

但這樣的回顧有可能都只提出了符合自身理論的研究。例如，已認定電玩遊戲對青少年犯罪有不良影響而進行研究的學者，便可能忽略掉「雖分析了電玩遊戲與青少年犯罪的關聯性，但只發現在誤差範圍內的關聯程度」或「電玩遊戲反而能降低青少年犯罪率」這類的研究結果。

所以，這種「基於自身理論所做的回顧」已經被稱為「敘述性回顧」，用來表示大家只會注意到自己想注意的主觀性問題。而較客觀的系統性回顧則開始漸漸受到重視。

系統性回顧是要預先決定「所需回顧的論文需要什麼條件」，然後從過去已公開的相關領域文獻中，篩選出所有條件相符的研究。以剛剛的例子來說，就是要把包含「未成年、犯罪、電玩遊戲」這些詞彙、曾針對青少年犯罪與電玩遊戲的關聯性而做過統計分析的所有論文，全都收集起來並加以分析，然後統整出結論。這樣應該就是幾乎不含主觀意識的「最佳解答」了。

圖表 56 實證可分為四個層級

至於整合分析，則是指在這樣的系統性回顧中，針對多項隨機對照實驗以及觀察研究所提出的統計分析結果，再更進一步做分析，並加以統整的作業。由於是「針對分析（analysis）進行分析（analyse）」，所以被稱為整合分析。

以系統性回顧及整合分析為頂點，在此將實證的層級整理為如圖表56所示。也就是說，觀察研究是比專家意見及基礎實驗更值得信賴的實證，而隨機對照實驗又是比觀察研究更為可信的實證，最後將多項隨機對照實驗與觀察研究，再加以整合分析而得的結果，便是現今的最佳答案。

「最佳解答」已經公布

完成系統性回顧與整合分析的結果，就是由全體人類共享的「最佳答案」，所以，要努力將各個領域的這種分析結果收集起來並公開分享。

而這樣的分享行動最早是由一位名為阿奇博德　科克倫的英國醫生，也是一位流行病學家所提倡，他在一九九二年於英國啟動了科克倫合作計畫（http://www.cochrane.org/）。接著，受到科克倫合作計畫的影響，社會政策學領域則於二〇〇〇年開始了坎貝爾合作計畫（http://www.campbellcollaboration.org/），另外在教育學領域則於二〇〇二年啟動的 What Works Clearinghouse 計畫（http://ies.ed.gov/ncee/wwc/），我在本書第3章也已介紹過。

他們將系統性回顧結果公布在網站上，十分方便，除此之外，你也可於一般的論文資料庫中，以「meta-analysis or "systematic review"」為關鍵詞進行搜尋。我在圖表57中列出了幾個具代表性的英文文獻資料庫，以供各位參考（詢問大學或大型圖書館的館員，或許還能獲得更詳細的資訊）。

圖表 57 具代表性的論文資料庫

名稱	URL	領域
ERIC	http://www.eric.ed.gov/	教育學
PsycINFO	http://www.apa.org/psycinfo/	心理學
Econlit	http://www.aeaweb.org/econlit/	經濟學
Pubmed	http://www.ncbi.nlm.nih.gov/pubmed	醫學
JSTOR	http://www.jstor.org/	綜合

另外，Google所提供的Google學術搜尋（http://scholar.google.com.tw/）也是相當便利的文獻搜尋服務。該服務不僅能搜尋英文文獻，也可搜尋日文、中文等各國語文的文獻資料，而且還會依據Google的判斷，將「愈重要的文獻列在愈前面」。

這些文獻資料庫基本上都是英文的，但其實看不懂英文的人也可以接觸實證。就日本來說，可用日文介面操作的日文文獻資料庫，以國立資訊科學研究所提供的cinii（http://ci.nii.ac.jp/），和由科學技術振興機構所營運的J-STAGE（https://www.jstage.jst.go.jp）為代表，大部份的日文論文都能從這些資料庫搜尋到[1]。

透過搜尋各種文獻資料庫，便會發現某些研究的英文論文要多少有多少，而自己本國語言的論文卻一篇都找不到，然後對自家研究人員的怠慢與不夠用功感到失望，說不定還能因此而激發自己的向上心。

基本上，即使英文不太行的人，只要具備統計知識，僅就研究結果的解讀來說應該是不成問題的。

我自己在學生時代的英文能力並不太好，卻能順利解讀文獻結論的原因，便是在於很多研究的結果都不是以文章形式，而是以圖表形式呈現，重要內容其實都寫成了數字。只要能看懂 regression coefficient（回歸係數）、confidence limit（信賴界限或信賴區間）、p-value（p值）及 significant（顯著的，亦即超出誤差範圍的）等基本統計學英語，然後用字典查查解釋變數與反應變數的意思，應該就能大致理解了。

1 中文論文資料庫則有華藝線上圖書館：http://www.airitilibrary.com/、台灣中央圖書館的碩博士論文資料庫：http://etds.ncl.edu.tw/ 等。

「31」讓我們來尋找實證

只要在文獻資料庫的搜尋欄位中輸入合適的關鍵字詞，便能找出實證。什麼樣的主題都行，例如，我想知道日本經濟的一大難題——就業措施有何解決方案可採行。

對於失業及窮忙族等就業問題，政界人士與電視上的名嘴總是會說：「問題既複雜又難解」，並提出「必須讓努力工作的人能獲得回報」這類抽象口號。不過，還好證據會說話。

英文文獻資料的搜尋方法

在大學等研究機構中，以英文撰寫的文獻會較受重視。若是以日文撰寫的論文，大概只有針對日本人解說日本特有的問題及觀念、受日本研究期刊委託撰寫「向讀者解說某種主題之文章」，或研究人員的英文爛到無法以英文撰寫等情況下，才會發生。

基於上述原因，日本研究人員在建立人們所需的實證時，也可能使用英文撰寫。撇開對英文的恐懼，我以 Google 學術搜尋服務進行了相關的搜尋。

針對「就業措施有何解決方案」，將「雇用」以 Employment、「政策」則是 Policy 來搜尋。若要尋找系統性回顧的研究結果，就加上「Systematic Review」或「Meta-Analysis」等關鍵詞；若要尋找隨機對照實驗的研究結果，就加上「Randomized」；至於觀察研究則用「Heckman」、「Propensity Score」、「Regression」等關鍵詞。

而我實際在 Google 學術搜尋上搜尋「Employment Policy Meta-Analysis」，結

果找到了在二〇一〇年的一篇標題為「Active Labour Market Policy Evaluations: A Meta-Analysis」的論文。光看標題大概就知道這是與「勞動力市場政策評估」有關的整合分析論文，亦即屬於最高層級的實證資料。

若你的英文不錯，可直接讀一下寫在該論文開頭處的摘要部分（Abstract），要是英文不太好，也可利用Google的翻譯功能幫你翻譯。而翻譯出的內容大概就是——

本文介紹了一項薈萃分析的積極勞動力市場政策的近期微觀經濟評估。我們從一九九五年至二〇〇七年間，進行了九十七項分類研究一九九項計劃的影響。補貼、公共部門的就業計劃是事倍功半，求職援助計劃比起在教室的，產生相對有利的短期影響，而在職培訓計劃是與積極的中期影響有關，雖然在短期內，他們經常出現無效。

即使只看這麼一小段翻譯文章，仍能看出這是針對一九九五年到二〇〇七年執行的一九九個政策計畫所做的評估。此外，應該也能猜得到後半段寫的是

「哪些政策是有效的」。由於自動翻譯功能有可能誤譯，故在此暫且對結論持保留態度，請將注意力放在補貼（subsidized）、公共部門（public sector）、求職援助（Job search assistance）、教室的（classroom）、在職培訓（on-the-job training）等詞彙上，並尋找與政策的有效性有關的統計分析圖表就好。

這份論文最後統整出圖表，而其中包含了有效計畫的比例列表。在此我將該表的結果要點整理成圖表58。

Estimate是指「估計」，「N=」則代表樣本數。還有Significant是表示「顯著的」，亦即「不太可能為誤差」之意。只要懂得這些統計學的專業術語，就算英文不好，要理解此圖表也不是什麼太困難的任務。

圖表58所呈現的意義就是，以短期（十二個月以內）影響來說，出現顯著正向結果的政策，在以短期指標評估的全部一八三個計畫中，占了三九．三％，另外有三一．八％只能算在「誤差範圍內」，有二七．九％甚至出現了「顯著的負面影響」。

而進行了中期（二十四個月以內）或長期（三十六個月以上）影響評估的

圖表 58 有效的勞工政策比例

	Percent of Estimates that are:		
	Significantly Positive	Insignificant	Significantly Negative
Short Term Impact Estimates (~12 Months) Overall Sample (N=183)	39.3	32.8	27.9
Medium Term Impact Estimates (~24 Months) Overall Sample (N=108)	50.0	39.8	10.2
Long Term Impact Estimates (36+ Months) Overall Sample (N=50)	54.0	40.0	6.0

資料來源：作者使用《Active Labour Market Policy Evaluations: A Meta-Analysis》的Table5 製作而成

政策較少，但「出現顯著正向結果」的政策比例增高，超過了一半。由此看來，就業相關措施似乎是只要好好執行即可證實其成果。

另外，此論文還以表格列出了進行中期政策之後，各類計畫的效果的回歸分析結果。

該表列出了共六種不同回歸模型的結果，不過，只要觀察針對不同計畫的差異所分析出來的模型（2）與所有變數皆調整過的模型（6），應該就能知道「哪種政策可看得到

圖表 59 中期的政策計畫效果

Dummies for Type of Program	Model（2） （只關注計畫的差異）	Model（6） （所有變數皆調整）
Classroom or On-the-Job Training	0.56	0.95
Job Search Assistance	0.66	0.53
Subsidized Private Sector Job	0.24	0.32
Subsidized Public Sector Job	-0.58	-0.80

資料來源：作者使用《Active Labour Market Policy Evaluations: A Meta-Analysis》的 Table8 製作而成

效果」了。所以我把該表的結果要點整理成圖表59。

該表的說明文字中，寫著Ordered Probit Models for Sign/Significance，表示是以有序概率回歸模型來分析，以便找出各個計畫中最可能符合「不能算是誤差的負面效果」、「效果在誤差範圍內」或「不能算是誤差的正面效果」之中的哪一項。所謂的有序概率，就是由針對兩種值（〇或一）的反應變數所進行的概率回歸，擴充為針對具有順序性（〇、一或二）的反應變數所進行的回歸分析方法（另外也有以類似方式擴充而成的有序邏輯回歸手法）。

概率回歸的回歸係數不如邏輯回歸的那

麼容易解讀，但至少只要此回歸係數為正值，就表示這類就業措施比較容易看到效果。而若為負值，便表示可能難以看見成效。

也就是說，以教室授課為主的培訓也好，在職培訓（OJT, On-the-Job Training）也好，就中期的就業措施來說，職業訓練類的政策是比較可能有效發揮作用的。而與協助求職有關的計畫，也是就中期來說比較可以發揮效果。另外，針對一般企業提供就業補貼（subsidize）的作法也不差。不過，若是針對Public Sector，亦即對公共部門或公益團體等單位提供就業補貼的方式，則效果不彰。

即使是必須一邊查單字一邊解讀內容，只要具備基本的統計學素養，就能從國外論文中看出這麼多資訊。若是還想知道更多，就要拿出真正的鬥志，詳讀論文內文中與「求職援助」及「對一般企業之補貼」等有關的具體內容，再進一步解讀被列為「整合分析之分析標的」的原始論文。

顯而易見的課題

誠如前述，只要具備統計知識，那麼，只需要稍做調查便能展開具建設性的討論。

在日本，只要到名為Hello Work的機構便可找到職業訓練課程，也能獲得求職協助。而政府在更早就開始對相關企業提供就業補貼。政界人士和公務員並不是閒閒沒事做，該執行的就業措施還是有做。

不過，此論文也提供了「政策研究分析標的」的國別列表，而依據該表，日本沒有任何一篇研究被列入分析標的（請見圖表60）。

實際擔任相關工作的從業人員及身為專家的研究人員不去證實政策的施行成果，而批評這些人的評論家與政客則是連研究資料都沒好好讀過，就不負責任地隨便發表意見。而最應該要評價這些工作成果的是人民，更沒有意識到這樣的問題。

簡而言之，這狀況就是——大家的統計學素養都不夠。

圖表 60 其研究有被列為「分析標的」的國別列表

	研究數量	%
Australia	2	1.0
Austria	13	6.5
Belgium	6	3.0
Canada	1	0.5
Czech Republic	1	0.5
Denmark	25	12.6
Dominican Republic	1	0.5
Estonia	1	0.5
Finland	2	1.0
France	14	7.0
Germany	45	22.6
Hungary	1	0.5
Israel	2	1.0
Netherlands	4	2.0
New Zealand	3	1.5
Norway	7	3.5
Peru	2	1.0
Poland	5	2.5
Portugal	2	1.0
Romania	4	2.0
Slovakia	13	6.5
Spain	3	1.5
Sweden	19	9.5
Switzerland	9	4.5
United Kingdom	4	2.0
United States	10	5.0

資料來源：作者使用《Active Labour Market Policy Evaluations: A Meta-Analysis》的 Table2 製作而成

一旦缺乏統計學素養，不管是商業問題還是社會、政治相關問題，再怎麼討論也都只是靠經驗與直覺所提出的貧乏意見罷了。

而你從本書所學到的知識，肯定能夠有效地終結這種在社會當中各領域不斷擴散的「貧乏言論」，並且讓你的國家變得更好！

結語

我的醫生父親在退休前，別說和家人相處，為了工作連睡眠時間都沒有。因為他認為，唯有「持續全力以赴」，才能在萬一失敗而造成病患喪命時獲得諒解。若是在拼命努力之下卻仍然失敗，那就是能力不足或命運使然，總之，責任已不在自己身上。這是讓自己獲得救贖的唯一辦法。

小時候，我對父親抱持這種態度感到相當敬佩，但同時也開始思考「盡力」與「最好」的差異究竟何在。犧牲睡眠並對當下的任務持續付出，這確實是在盡全力；可是長期睡眠不足卻會讓人失去專注力、損害健康，就整體而言，等於是增加了失敗率，那就稱不上是「最好」了。

然而，絕不能失敗的職業（因為會死人的）可不只限於醫生而已。

經營者的錯誤決策會讓員工失去方向。員工的錯誤行為會造成顧客及同事的困擾。父母的錯誤教養會毀掉孩子的人生。一旦造成嚴重的錯誤，我們便會產生罪惡感。那麼，該怎麼做才能避免犯下不可原諒的錯誤呢？

日常生活中最容易看到的明顯錯誤，大概就屬職業運動員的表現了。每天晚上在電視新聞上，我們都能看到體育主播在絕佳時機清楚指出被三振的打者或射門失敗的足球選手，在重心及姿勢上的錯誤等「失敗的理由」。但即使是全盛時期的鈴木一朗，打擊時也有一半以上的機率會出局，而梅西或C羅納度在整個賽季中，亦有七成以上的射門都是失敗的。從機率的角度來看，失敗變成「理所當然」，想從其中找出個別原因簡直就是愚不可及。不過我認為，若跳脫單次的成功或失敗，不論在姿勢還是想法上，正因為他們總是努力做到最好，所以才能創造偉大的紀錄。那麼，又該怎麼做才能達到「最好」呢？

線索就藏在一個為美國醫療系統帶來極大成就的案例——100K Lives 活動。以十萬條生命為名的活動從二〇〇四年持續到二〇〇六年，讓全美國的住院死亡率減少了五％，而一整年的死亡人數減少了十二萬。

這個活動的內容非常單純。**就只是要求全美國所有醫院徹底達成「顯然該達成的目標」**，包括分派緊急應變小組給有心跳停止／呼吸中止風險的患者、針對急性心肌梗塞徹底實施以實證為基礎的治療、全面檢查用藥內容、透過徹底清潔雙手的方式來避免院內感染…等等。結果實際拯救了超過十萬條人命。

藏在100K Lives活動的十萬條人命的背後，是一份由Institute of Medicine（美國醫學研究所）所出版，名為《To Err is Human》的報告。該報告一開頭即公佈美國每年約有十萬人因醫療疏失而死亡的驚人推估數據，因此，本著「既是如此，那就消弭疏失」的構想，便展開了100K Lives這項活動。

若單靠自己的腦袋思考，該怎麼做才能夠做到最好？大概也只想得出「不顧一切，奮力一搏」這種程度的方案了。然而，全球各個領域當中，為了找出「最佳做法」而拼命的人可不少。當那些只會出一張嘴的名嘴在世上宣揚沒有任何科學根據的「最佳做法」時，他們所謂的最佳做法很多都存在於資料當中，我們卻沒有機會看到。

或許我們該做的早已明確地記載在文獻及資料裡。然而，理論與實際執行之間的差距，卻讓我們離「最好」越來越遠。

若該做的事情確實顯而易見，那麼，我們的責任就是要快速找出真相，並

於了解的同時，讓這樣的知識變成一種常識。我想，統計學的偉大之處，就是能以最快的速度，明確指出一條通往「最好」的路徑。

若能運用以統計學求得的最佳方法，那麼，不論是想賺大錢、長智慧還是促進身心健康，都會變得相當容易。但這些都不過都是副產品罷了。**統計常識所帶來的最大價值，就是永遠能妥善掌控自己人生的幸福。**

《To Err is Human》這份報告書也以《只要是人都會犯錯》[1]為書名出版了日文譯本，但其日文書名並沒有充分傳達出原書名的意涵。To Err is Human 這句話引用自聖經，通常譯為「犯錯是人性」。而在聖經裡，「犯錯是人性」這句話之後還接有下一句——

犯錯是人性，寬恕是神性（To err is human, to forgive divine.）

未來，只要是人還是會繼續犯錯。不過我認為，即使犯錯是人性，但世上仍存在著盡量做到最好的方法，而這肯定是人類所獲得最值得感恩的一種寬恕。

1 譯註：《To Err is Human》一書的日譯本書名為《人は誰でも間違える》。

Statistics, literacy for the next generation

統計學，最強的商業武器

從買樂透到大數據，全都離不開統計學；如果不懂統計學，你就等著被騙吧！

作　　者｜西內啟 Nishiuchi Hiromu
譯　　者｜陳亦苓 Bready Chen
發 行 人｜林隆奮 Frank Lin
社　　長｜蘇國林 Green Su
總 編 輯｜葉怡慧 Carol Yeh

出版團隊
企劃編輯｜蕭書瑜 Maureen Shiao
版權編輯｜許世璇 Kylie Hsu
裝幀設計｜顏伯駿 Yen Po Chun
版面構成｜林佳慧 Chiahuei Lin

行銷統籌
業務經理｜吳宗庭 Tim Wu
業務專員｜蘇倍生 Benson Su
業務秘書｜陳曉琪 Angel Chen・莊皓雯 Gia Chuang
行銷企劃｜朱韻淑 Vina Ju・康咏歆 Katia Kang
發行公司｜精誠資訊股份有限公司　悅知文化　105台北市松山區復興北路99號12樓
訂購專線｜(02) 2719-8811　訂購傳真｜(02) 2719-7980
專屬網址｜http://www.delightpress.com.tw　悅知客服｜cs@delightpress.com.tw
ISBN：978-986-5617-86-8
建議售價｜新台幣320元
首版18刷｜2017年02月

國家圖書館出版品預行編目資料

統計學，最強的商業武器／西內啟著；陳亦苓譯. -- 初版. -- 臺北市：精誠資訊, 2014.04
面；　公分
譯自：統計学が最強の学問である
ISBN 978-986-5617-86-8 (平裝)
1. 統計學 2. 通俗作品
510　　103005879

建議分類｜商業理財